AF329193

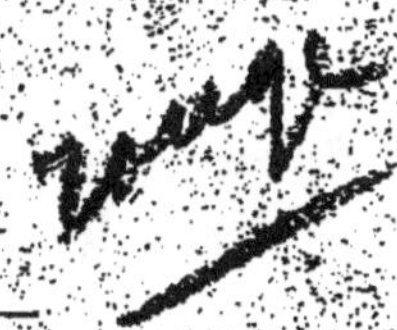

RECHERCHES

SUR LA VIE ET LES OUVRAGES

DE QUELQUES ARTISTES

PAR

E. L. G. CHARVET

LYON

IMPRIMERIE D'AIMÉ VINGTRINIER

Rue de la Belle-Cordière, 14.

MDCCCLXXVI

OUVRAGES DU MEME AUTEUR

ÉTUDES HISTORIQUES

ESSAI D'UNE MONOGRAPHIE DES ARMOIRIES DE LA VILLE DE LYON

Lyon. — Vingtrinier, 1860.

RECHERCHES SUR L'ABBAYE D'ABONDANCE EN CHABLAIS

Lyon. — Louis Perrin, 1863.

LETTRES ET DOCUMENTS POUR SERVIR A
L'HISTOIRE DU XVIe SIÈCLE ET A CELLE DE EUSTACHE CHAPUYS

Ambassadeur de Charles-Quint.

Annecy. — A. Perrissin et Cie, 1875.

ÉTUDES SUR LES BEAUX-ARTS

LETTRES SUR L'ARCHITECTURE AU XIXe SIÈCLE

Annecy. — Thesio, 1864.

DE L'ENSEIGNEMENT DES BEAUX-ARTS AU
POINT DE VUE DE LEUR APPLICATION A L'INDUSTRIE LYONNAISE

Lyon. — Vingtrinier, 1870.

COMPTE-RENDU DES TRAVAUX
DE LA SOCIÉTÉ ACADÉMIQUE D'ARCHITECTURE DE LYON

Pendant les années 1869-1870.

Lyon. — Alf.-Louis Perrin et Marinet, 1871.

COMPTE-RENDU DES TRAVAUX
DE LA SOCIÉTÉ ACADÉMIQUE DE LYON

Pendant les années 1873-1874.

Lyon. — Alf.-Louis Perrin et Marinet, 1875.

RECHERCHES

SUR LA VIE ET LES OUVRAGES

DE QUELQUES ARTISTES

GIRARD AUDRAN

RECHERCHES

SUR LA VIE ET LES OUVRAGES

DE QUELQUES ARTISTES

PAR

E. L. G. CHARVET

LYON

IMPRIMERIE D'AIMÉ VINGTRINIER

Rue de la Bellecordière, 14.

—

MDCCCLXXVI

AVANT-PROPOS

Lorsque parfois nous entendons manifester autour de nous, le désir bien naturel de voir entreprendre un livre présentant le tableau d'une période artistique déterminée ou la nomenclature de certaines œuvres d'art, nous nous prenons à nous demander si, réellement, ceux qui recherchent de semblables publications savent au juste combien il est difficile de les écrire.

C'est une erreur de croire, qu'à l'heure convenable, on trouve dans les livres, dans la mémoire de quelque érudit ou dans la collection d'un amateur, les matériaux et les éléments indispensables. Penser aussi que, dans le cas où cette collection n'existe pas, sa création soit une affaire si mince qu'on puisse la réaliser dans une année, ou dans le délai déterminé par le programme d'une académie, serait tomber également dans une déplorable illusion.

Toutes les fois que nous nous sommes engagés dans un nouveau voyage au travers de l'histoire des arts, nous avons pu constater, à chaque étude successive, que nous arrivions dans notre chemin à un point où il se présentait deux routes : la première celle de la plaine, c'était la plus facile, elle permettait de copier les prédécesscsseurs sauf à présenter en rose ce qu'ils avaient apprécié en noir ; la seconde, celle de la montagne, c'était la plus pénible, elle exigeait qu'on reconnut tous les sentiers et qu'on ne s'avançât qu'avec des certitudes contrôlées.

En préférant cette dernière marche nous avons constaté que chaque investigation nouvelle signale une erreur commise par soi-même ou par les devanciers, et découvre des traces inconnues qu'il faut explorer avec persévérance et perspicacité.

On n'a donc pas de peine à démontrer, que les travaux d'ensemble de l'histoire des arts ne seront réellement complets et exacts que lorsque nos archives auront livré tous leurs trésors et les secrets qu'elles dérobent à nos recherches, qu'on se hâte trop à embrasser de longues périodes, qu'en un mot, on bâtit l'édifice avec des matériaux de mauvaise qualité. En attendant quelques années, on pourra faire encore plus grand et encore plus beau avec des assises si nombreuses, si précieuses et si bien travaillées que le monument deviendra facilement un chef-d'œuvre.

Travailleurs obscurs de la province, ne nous décourageons donc pas ; préparons ces assises au fur et à mesure que nous avons pu les extraire de la carrière et les tailler par notre labeur journalier !

Que dire également de la négligence de quelques écrivains à indiquer les sources de leurs ouvrages ? Cela, dit-on, embarrasse le récit, et surtout, a l'inconvénient de faire paraître érudit lorsqu'on n'est que compilateur.

Ainsi soit-il. Messieurs, n'indiquons aucune preuve, polissons un beau style, présentons quelques paradoxes bien nouveaux et, surtout, soyons amusants !

Nous préférons être ennuyeux, mais exacts ; car nous sollicitons la critique et nous en fournissons le moyen en publiant ou en indiquant les documents qui ont préparé nos études. On ne lira pas, dit-on encore ; nous confessons qu'ici vous avez enfin raison. Cependant si les écrivains de l'histoire à venir nous font l'honneur de nous parcourir, ils pourront rendre quelque hommage à ceux qui auront sauvé les documents de la destruction et préparé, ainsi que nous le disions plus haut, les assises d'annales qui, cette fois, étant définitivement vraies, défieront les critiques qu'on adresse chaque jour à certains ouvrages importants de notre époque.

I

LE RÉFECTOIRE

DE

L'ABBAYE DES DAMES DE SAINT-PIERRE

A LYON

Nous avons eu occasion, il y a quelques années, d'entrer dans quelques détails historiques et descriptifs un peu sommaires sur la salle du réfectoire de l'abbaye de Saint-Pierre (1).

Nous pensions alors que l'état d'abandon et de délabrement où se trouvait ce monument de l'art du xviie siècle ne permettait guère aux curieux de l'étudier, en même temps qu'il répugnait d'ôter leur chemise de poussière à ces saints patrons et à ces vertus monastiques condamnés depuis si longtemps à assister aux vociférations de la bourse, aux veillées de la garde nationale, à des examens de toutes sortes, à des dissertations plus ou moins orthodoxes, voire même à des réunions politiques ou électorales ! Nous émettions, non sans timidité, un vœu pour qu'une destination moins banale et plus correcte permît enfin de rendre à cette salle son ancienne splendeur (2).

---

(1) Voyez : *Les de Royers de la Valfenière* (*Revue du Lyonnais*, troisième série, tomes VII, VIII et IX, *Mémoires de la Société littéraire, historique et archéologique de Lyon*, année 1869). Lyon, Glairon Mondet, libraire, m dccc lxx.

(2) M. Paul Saint-Olive, dans ses *Mélanges sur Lyon*, 1862, page 59,

1

Les travaux que l'on vient d'y exécuter sous la direction de l'architecte en chef de la ville, M. Hirsch, nous mettent en quelque sorte en demeure de revenir sur ce sujet pour compléter notre étude et signaler d'une manière spéciale la décoration toute particulière qui y a été employée.

L'aile dans laquelle est situé le réfectoire occupe l'emplacement de l'ancien monastère et fut, par conséquent, construite la dernière ; alors que les trois ailes, sur la place des Terreaux et les rues Saint-Pierre et Clermont, avaient pu déjà recevoir les religieuses.

Toutefois, le pavillon à l'angle sud-est sur la rue Clermont ne fut achevé qu'à la fin de 1687, ainsi que le grand belvédère et les parties supérieures des pavillons sur la place des Terreaux.

François II de Royers de la Valfenière était mort depuis 1667, et, si l'on avait suivi les principales dispositions de son plan pour le gros œuvre, il restait encore à décorer les parties les plus importantes du monument : le grand escalier, le réfectoire et la salle du Chapitre. Ce soin fut confié à Thomas Blanchet vers 1681.

Nous pourrions entrer ici dans dans de longs détails sur cet artiste remarquable pour lequel nous avons recueilli de nombreux documents ; mais ce n'est point encore l'heure. Nous espérons pouvoir les publier plus tard et examinerons immédiatement l'œuvre qui nous occupe.

La salle est divisée en trois grands compartiments de

---

nous avait précédé en demandant la conservation de cette salle comme souvenir de l'ancienne destination du monument.

voûtes d'arêtes dont celui du milieu, presque carré, est plus important que les autres.

Sept fenêtres cintrées l'éclairent sur la cour postérieure du monastère.

Blanchet a créé un parti décoratif qui ne manque pas d'originalité, quoiqu'il soit compris plutôt en peintre qu'en architecte. Il a placé à chaque retombée des arcs doubleaux séparant les compartiments des voûtes un groupe de trois figures, et une niche dans les trumeaux des fenêtres, qui éclairent par couple de deux les compartiments extrêmes; ce motif se répète sur la face opposée.

Enfin les sept fenêtres sont répétées sur le côté parallèle par autant d'encadrements symétriques que l'on ne saurait considérer comme de véritables niches, mais plutôt comme de grands cadres destinés à entourer une décoration quelconque.

Un soubassement en noyer richement mouluré règne autour du vaisseau sur ses quatre côtés et les grands demi-cercles qui sont dessinés dans les faces extrêmes par la courbure de la voûte sont décorés par d'immenses peintures à l'huile sur panneaux.

La croisée de chacune des arêtes de la voûte est raccordée par une grande lunette , circulaire ou ovale, entourée d'une large moulure et légèrement curviligne, laquelle renferme également des peintures à l'huile.

On ne saurait rien imaginer de plus simple et de plus monumental.

Le gros contrefort, que l'on remarque contre le mur du réfectoire dans la cour du côté de l'église de Saint-Pierre, a été construit en 1687 par suite de la mauvaise qualité du fer d'un chainage, placé au droit d'un arc doubleau dans le but d'en retenir la poussée, lequel se rompit et fit redouter un mouvement dans le mur de façade. Le serrurier qui fut l'auteur de cet accident dut supporter les frais de construction de cet appendice disgracieux et construit à la hâte.

Cette circonstance explique pourquoi il n'existe pas de contrefort symétrique à l'autre arc doubleau.

L'abbesse, Antoinette d'Albert de Chaulnes, confia les travaux de statuaire en stuc à Simon Guillaume, artiste qui venait d'exécuter, de concert avec Nicolas Bidau, une décoration dans le même genre pour le grand escalier sur les dessins de Blanchet. Le premier traité est du 9 août 1684 ; il en fut passé un autre le 27 juillet de l'année suivante (1).

Nous n'hésitons pas à admettre que ce sculpteur modifia dans une certaine mesure un projet de décoration fourni par Blanchet. Dans l'esprit de ce dernier, il devait y avoir de la peinture et non de la sculpture dans les encadrements faisant symétrie avec les fenêtres. Blanchet, qui ne mourut qu'en 1689, était-il déjà trop âgé pour s'occuper de la surveillance de ces ouvrages, ou bien avait-il perdu la confiance de l'abbesse ? Nous ne pouvons préciser : nous savons cependant qu'il signait encore une quittance de 1650 livres, le 28 juin 1683, pour les cinq tableaux du retable de l'église de Saint-Pierre (2), et que, dans le mois de décembre 1686, il envoya à la cour des aides à Montpellier un projet de tableau pour la grande salle d'audience (3) ; ce qui démontre qu'il dessinait encore.

---

(1) Registres des actes du notaire de l'abbaye, de Rougeault, aux archives du département du Rhône, H 4131 folios 197 à 200 verso, et H 4158 folios 143 à 145.

(2) Id. ib. H 4180.

(3) *Archives de l'art français*, III, p. 123.

Les quatre niches symétriques des trumeaux extrêmes couronnées par des bustes sont d'un bon dessin ; les
figures qui les décorent, ainsi que celles formant des
groupes à la retombée des arcs doubleaux, quoiqu'un
peu maniérées, ont un grand caractère décoratif et différent essentiellement de celles dont nous nous occuperons
plus loin.

On peut admettre ici que Guillaume suivit pour les
premières un dessin fourni par Blanchet, tandis que,
réduit à ses propres compositions pour les autres, il se
laissa aller dans un fatras de draperies, de nuages et
d'accessoires tourmentés qui fatiguent l'œil de formes
lourdes et disgracieuses.

Voici la nomenclature et la description de ces sculptures, que nous avons dressées en nous servant du marché
qui fut passé avec l'artiste pour leur exécution, laquelle
concorde rigoureusement avec les stipulations indiquées.

Nous suivrons l'ordre adopté, en commençant par la
gauche et entrant par la grande porte :

Première retombée : *La Charité*. — Une femme debout
allaite un enfant et est accompagnée de trois autres enfants plus grands.

Deuxième retombée : *Le Silence et la Pudicité*. — Une
femme debout tient dans la main des branches de lys ;
une femme assise auprès d'elle met un anneau sur sa
bouche et a une grenouille à ses pieds ; une autre, également
ment assise, tient sur sa main une tortue (1).

Troisième retombée : *La Pénitence*. — Une femme
debout tient une discipline ; elle est accompagnée de deux

____

(1) La grenouille et l'anneau n'existent plus ; la tortue est remplacée par un paquet d'herbes (?). L'allégorie de ces deux figures se
trouve ainsi tronquée

autres femmes, assises sur les retours, dont l'une pleure et l'autre prie.

Quatrième retombée : *La Tempérance.* — Une femme debout tient une palme ; une des deux femmes assises a côté d'elle, tient une bride et l'autre une horloge de sable et un vase fermé.

Première niche (carrée) : *Sainte Magdeleine.* — Elle tient une croix et, à ses pieds, est un vase de parfums. Sur le fronton est le buste d'Esther, couronné et accompagné de deux enfants qui portent les tables de l'ancienne loi.

Deuxième niche : *Sainte Marguerite.* — Elle tient un dragon enchaîné à ses pieds. Sur le fronton est le buste de Judith accompagné de deux enfants dont l'un porte « la teste d'Holoferne et l'autre le glaive dont elle fut couppée. »

Troisième niche : *Sainte Catherine.* — Elle est appuyée d'une main sur une roue et porte de l'autre une épée haute (1). Sur le fronton est le buste de Débora accompagné de deux génies dont l'un porte un casque et l'autre une lance.

Quatrième niche : *Sainte Barbe.* Elle est appuyée sur une tour et tient une palme. Sur le fronton est le buste de la mère des Macchabées, ayant le sein percé d'un glaive (2) et accompagné de deux génies portant sept petites palmes.

Toutes ces figures sont remarquables par leurs poses décoratives, par une expression vraie et, souvent aussi, par des formes d'une certaine beauté.

----

(1) Cette épée ne figure plus.
(2) Ce glaive a disparu.

Pour la description des sept niches, nous nous bornerons à transcrire le prix-fait dont nous avons déjà parlé.
C'est lui laisser une simplicité naïve qui ne manque pas
de saveur. On remarquera aussi plus facilement combien
l'artiste s'est tenu avec rigueur au programme qui lui fut
tracé. On pourrait presque croire que l'acte fut rédigé
devant les figures. Malheureusement cette partie de la
statuaire ne présente plus les qualités que nous signalions
plus haut : on n'aura pas de peine à le constater.

Plus, du d. costé gauche en entrant au dit réfectoire
par la dite grande porte, il mettra dans les sept niches
is a vis les sept fenestres les figures suivantes, savoir :

Dans la première en entrant *un sainct Benoist* dans
ce rocher de Subiacque (1) à genoux les mains joinctes et
eslevées vers le ciel et au dessus du dit rocher, dont il sera
tout environné, il mettra la figure de *sainct Romain*
à demy corps qui descendra un panier au dict sainct
Benoist ;

Dans la seconde niche, il fera une figure de *sainct
Jean l'évangeliste* ayant un aigle à ses pieds, une escorce
d'arbre sur ses genoux, une plume dans la main droite et
la gauche levée vers le ciel, d'où il paroistra venir une
lumière sur laquelle seront escripts ces mots : *Et Verbum
caro factum est ;*

Dans la troisiesme niche sera représenté *sainct Pierre*
tenant ses genoux embrassés, la teste levée vers le ciel
à la porte de la maison de Pilate dont le dehors paroistra
en bas relief et, dans le renfoncement, il paroistra un
coq en hault relief perché sur un arbre ;

Dans la quatriesme niche, il mettra *nostre Seigneur*

-----

(1) Subiaco.

à genoux sur la rive du Jourdain et *sainct Jean Baptiste* couvert d'une peau de chameau sur les parties seulement qui doibvent estre couvertes, le baptisant et, en hault, il paroistra un sainct Esprit et des chérubins en grouppe dans les nuées ;

« Dans la cinquièsme niche il mettra une *une Vierge en contemplation* devant un Jésus enfant et dormant, et, en hault, un grouppe de chérubins dans les nuées ;

« Dans la sixiesme il fera *un sainct Anthoine* dans un désert tanté par deux diables qui seront à ses costés ; il tiendra de la main droite un baston sur lequel il s'appuyera et de l'autre il portera un livre ouvert ;

« Dans la septiesme niche il fera *un sainct Ennemond* ayant la mitre en teste, la main droite estendue comme pour donner sa bénédiction et tenant en sa gauche la croix primatialle et, au dessus de sa teste, il y aura un baldaquin ou pavillon frangé relevé dans le milieu par un ange. »

Guillaume reçut pour ce travail la somme de quatre mille trois cents livres, et, dans le marché, étaient compris en plus, deux bustes de l'abbesse Antoinette, l'un en bois et l'autre en marbre blanc.

Le premier devait être posé au-dessus du fronton de la porte d'entrée du réfectoire et l'autre au-dessus de celui de la porte du grand escalier qui conduisait au chœur de l'église. C'est la porte du premier palier en partant du cloître. Nous ne savons ce que ces bustes sont devenus : Ils devaient être exécutés à perfection et « tirés sur la dicte dame au naturel. »

Il paraît que l'abbesse, les religieuses, et notre artiste trouvèrent que, malgré toute cette statuaire, il paraissait encore quelques *vides* dans la décoration... On traita de nouveau pour ajouter, au-dessus des trois niches centrales, « un grand pavillon frangé, porté et retroussé par cinq génies » tenant un écriteau avec ces mots : *Hic est filius meus*, etc., et des pièces rompues des armes et chiffres de l'abbesse, et, au-dessus des trois fenêtres, quatre génies soutenant un écusson aux armes de l'abbesse, une crosse et son chiffre entrelacé.

Ces armoiries se trouvèrent ainsi répétées deux fois en sculpture de pierre ou de stuc, puisqu'elles figuraient déjà à la clef du premier arc doubleau, le deuxième arc doubleau ayant été réservé aux armes de France (1). M. l'architecte en chef a eu l'excellente idée de faire peindre et dorer les deux derniers écussons, qui forment ainsi une note brillante qui relie entre eux les trois encadrements circulaires de la voûte.

Guillaume reçut pour cette adjonction, ainsi que pour la sculpture en feuillage des quatorze clefs d'arcs de fenêtres ou de niches, la somme de sept cents livres.

Le solde de ses travaux, s'élevant ainsi à cinq mille livres, lui fut compté le 16 mars 1686, date qui nous en indique l'achèvement probable, en présence de divers témoins parmi lesquels figure un Pierre Isnard, aussi sculpteur à Lyon. Il est question dans l'acte d'un troisième prix fait montant à 80 livres passé, est-il dit, sur le livre de compte de l'abbesse, sans qu'on en explique le détail. C'était probablement une indemnité gracieuse, témoignage de la satisfaction unanime du monastère.

En effet, on n'avait pas dû voir encore dans la ville cinquante personnages ainsi groupés ensemble, et en sculpture !

---

(1) Ces armoiries sont restées jusqu'à ce jour masquées par de lourdes rosaces dont on les avait recouvertes, sans doute par prudence, lors de l'affectation de la salle à la tenue de la bourse.

La restauration difficile de ces ouvrages que le temps avait ou noircis ou écornés a été très-habilement exécutée par M. Pagny, élève de feu Bonnet.

La menuiserie du lambris ou soubassement en noyer fut confiée à Guillaume Couston ou Coston par marché passé le 1er avril 1683. Elle comprenait, en outre de ce que nous constatons encore, vers le fond et des deux côtés latéraux, des bancs soutenus par des consoles dont on fit plus tard des coffres et qui ont été supprimés entièrement dans la dernière restauration confiée à notre célèbre menuisier Bernard.

On remarque quatre petites portes aux angles; deux sont véritables et deux feintes. Les deux véritables servaient de communication avec la cuisine et avec les lavabos en marbre qui existent encore. La porte principale, rattachée à cette menuiserie, comprend un riche chambranle et un fronton dans lequel figure encore les armoiries sculptées de l'abbesse Antoinette.

D'autres décorations ont dû être enlevées au commencement de ce siècle. Elles consistaient en douze écussons, sculptés également, et répartis sur les diverses faces de ce lambris. Trois étaient aux armes de France avec la couronne royale et les colliers de l'ordre du roi, quatre aux armes de l'abbesse avec la couronne, la crosse et le manteau ducal, trois aux armes de l'abbaye avec la crosse et deux aux chiffres de l'abbesse.

On aura sans doute remarqué dans les armoiries subsistantes sur la porte d'entrée et dans celles dont nous avons parlé précédemment que le lion de gueules sur fond d'or des d'Albert ne porte pas la couronne du même avec laquelle on le blasonne quelquefois, de telle sorte que les armes d'Antoinette d'Albert d'Ailly de Chaulnes se trouvent blasonnnées comme il suit : *Ecartelé au 1 et 4*

*d'or au lion de gueules pour Albert ; au 2 et 3 de
gueules, l'écu diapré de deux rinceaux ou branches de
laurier d'argent, passées et repassées en sautoir, au chef
échiqueté d'argent et d'azur de trois traits pour Ailly.*

Le chef échiqueté d'argent et d'azur prend également
une telle importance dans l'écu qu'il indique un *coupé*,
ce qui est contraire à la description.

Le même menuisier Couston fut chargé d'établir une
chaire pour la lectrice ; nous n'avons pu vérifier où elle
se trouvait.

Quinze tables en bois de noyer s'allongeaient sur le
pourtour du réfectoire. Treize avaient dix pieds de lon-
gueur, et deux, cinq pieds seulement; toutes de deux
pouces d'épaisseur sur deux pieds de large, ce qui indique qu'elles ne servaient que pour un seul rang de
convives.

Elles étaient supportées chacune sur trois cariatides à
gaine ou « termes »; pour qu'elles puissent conserver la
stabilité convenable, les pieds de ces supports avaient
des bases en bois de chêne enclavés dans le dallage par
des trous qui se voyaient encore au moment de la restauration de la salle.

Ce travail important fut payé la somme de deux mille
cinq cents livres et ne fut achevé qu'en 1687 par un
menuisier du nom de Jean Castang, Guillaume Coston
étant mort dans le courant de l'année 1685 (1).

Le dallage, qui ne présente rien de particulier, fut
retrouvé sous le mauvais plancher dont on l'avait recou-
vert, tout labouré des conduites de calorifères que l'on

---

(1) Registre du notaire Rougeault, H 4131, folios 36 verso à 39
recto, et registre H 4139.

avait dû placer pour le chauffage de la bourse. Il indique sur un encadrement de frises la position des tables autour du réfectoire et le centre est divisé en trois grands compartiments symétriques à ceux formés par les voûtes.

Il nous reste à examiner les peintures, à l'huile, que M. Germain Détanger vient de nettoyer et faire revivre, grâce aux préparations inventées par les abbés Chevalier.

Elles furent exécutées, de 1684 à 1686, par Louis Cretey, qualifié peintre à Lyon.

Nos recherches sur la vie et les ouvrages de cet artiste sont restées infructueuses depuis 1869, et cependant il n'était pas le premier venu, ainsi que le témoignent les œuvres que nous avons devant les yeux.

Malheureusement, les quittances que nous donnons ci-après ne fournissent pas les renseignements précis qu'on y trouve quelquefois et nous n'avons pas rencontré encore le « priffaict de main privée » qui eût été si intéressant à consulter :

« Personnellement estably sieur Louis Cretey, peintre à Lyon, lequel de gré confesse avoir receu présentement réellement et comptant en bonne monnoye ayant cours de Mad. Dame abbesse la somme de huict cens septante livres faisant la dite somme avec celle de trois cens trente livres que madicte Dame lui a payée pour son priffaict de main privée du vingt-neuf aoust mil six cens huictante-quatre, la somme de douze cens livres que ma dicte dame luy debvoit payer enfin des trois ovalles qu'il a peint au reffectoir neuf du d. monastère, et le tout à compte des ouvrages portés par son dict priffaict.

« De la quelle somme, etc.. . . . .
. . . .

« Faist à Lyon, en mon estude, le vingt-uniesme aoust
mil six cens quatre vingt et cinq après midy (1)... »

« Personnellement estably sieur Louis Cretey, peintre
à Lyon, lequel de gré confesse avoir receu présentement,
réellement et comptant en louis d'or, d'argent et autre
bonne monnoye ayant cours de Mad. Dame abbesse la
somme de mil quatre cens quarante-deux livres.

« Scavoir deux cens quarante-deux livres pour deux
tableaux de sainct Pierre qu'il à painct à Mad. Dame,
dont l'un pleure et l'autre reçoit les clefs de la main du
Seigneur.

« Et douze cens livres tousjours à compte de la pain-
ture du grand reffectoir.

« De laquelle somme de mil quatre cens quarante-
deux livres..... etc...............................

« Fait à Lyon, en mon estude, le seiziesme febvrier
mil six cens quatre-vingts et six... avant midy (2). »

« Personnellement estably sieur Louis Cretey peintre
à Lyon, lequel de gré confesse avoir receu présentement
réellement et comptant en louis d'or d'argent et autre
monnoye ayant cours d. mad. Dame Abbesse la somme
de douze cens livres pour reste plain et entier payemens
des cinq tableaux qu'il a faict dans le réfectoir d. son mo-
nastaire qu'il s'estoit obligé de faire par son priffaict de
main privée du vingt neuf aout mil six cens huictancte
quatre dont mad. Dame a un double ;

« D. laquelle somme de douze cens livres le dit confes-
sant se contente et en quicte ma dite Dame, le surplus a
quoy montent les trois mil six cens livres portés par le

---

(1) Registre de Rougeault, II 4158, folios 155 à 156.
(2) Registre de Rougeault, II 4128, folios 94 à 95.

d. priffaict luy ayant esté payé par mad. Dame le jour
du d. priffaict, vingt uniesme aout mil six cens quatre
vingt et cinq et seize febvrier dernier, les quictances qu'il
en a passées demeurant icy comprinses.

« Le tout faict, etc.............................

« En mon estude le vingt sixième décembre mil six cens
quatre vingt et six apprès midy (1) : » ....

Quel que soit le changement de la valeur de l'argent, on
peut voir que la décoration des édifices pouvait s'opérer
au XVIIe siècle avec des prix modestes. La menuiserie, la
sculpture et la peinture de cet immense vaisseau n'atteignirent pas 12,000 livres, qu'on peut évaluer à environ
25,000 francs de notre monnaie !

Il est vrai qu'il s'agit d'artistes dont le nom n'a pas
dépassé les murs de notre ville et pour lesquels il ne faudrait pas montrer un enthousiasme irréfléchi.

Ce qu'il faut apprécier surtout dans l'œuvre de Cretey,
ce sont ces qualités générales de composition qui appartien-
nent incontestablement au XVIIe siècle. Les œuvres de cette
époque présentent une grande tournure, s'harmonisent
bien et ne laissent pas le spectateur froid comme devant
certains ouvrages de notre temps, surchargés d'ornements
et de figures, et où l'entente générale de la décoration
fait le plus souvent défaut.

Il est bien regrettable que ces peintures, contre lesquelles sont venues se superposer tour à tour les fumées
des chandelles, des lampes et du gaz, sans compter les
pipes des gardes nationaux, et la buée d'assemblées nombreuses, aient été détériorées ainsi à plaisir. Elles se
trouvaient absolument recouvertes d'une sorte d'enduit

---

(1) Registre de Rougeault, H 4139, fol. 28 verso à 29 recto.

provenant de la condensation de tous les produits que nous avons énumérés, lequel M. Détanger a enlevé, comme nous l'avons dit, avec un soin tout particulier, à l'aide des procédés Chevalier. On comprendra facilement qu'elles aient poussé au noir et qu'il soit dorénavant impossible de leur rendre l'harmonie du clair obscur qui en faisait probablement le mérite. Quelques parties seulement s'enlèvent un peu en clair comme des taches sur un ensemble obscurci. Il n'a été retrouvé aucune date ni aucune signature.

Le premier tableau qui s'offre à la vue au fond de la salle représente *la Cène*.

Le Christ, tenant le calice dans la main gauche vient de dire : *ceci est mon sang* en regardant le ciel ; les apôtres sont groupés autour d'une longue table qui remplit la plus grande partie de la largeur du panneau.

Le cintre est accompagné d'une riche draperie rouge frangée d'or, et au ceintre, pend une sorte de lustre où brillent diverses flammes.

A chaque extrémité de la table s'étage, sur des dressoirs, une riche argenterie que de jeunes serviteurs semblent apporter pour le service du banquet.

Si la composition générale est bonne, le dessin laisse à désirer. Les têtes sont généralement petites et les yeux se présentent trop à fleur du crâne. Le coloris pouvait être satisfaisant à l'époque de l'exécution, mais comme l'action se passe la nuit, suivant le texte de l'Evangile et ainsi que l'indique le lustre, cela a conduit l'artiste à faire sombre, et la peinture en est d'autant plus devenue foncée.

Si la tête du Christ laisse à désirer, quelques attitudes ne manquent pas de vérité et la tête de saint Jean est d'une bonne expression.

En somme, nous pensons que cette composition est bien loin de valoir celle qui lui fait face à l'autre extrémité du réfectoire et représentant *la multiplication des pains*.

Nous admettons que les défauts de dessin, l'insuffisance de modelé s'y retrouvent comme dans les précédents ; mais, d'un autre côté, l'agencement général des groupes et la physionomie de l'ensemble sont admirablement conçus pour l'emplacement.

Au centre, et sur un tertre qui se compose fort bien avec la porte d'entrée dont le fronton se découpe dans la toile, deux personnages présentent au Christ des poissons et des pains.

A droite et à gauche, puis, successivement sur divers plans, se rangent les divers groupes qui attendent leur nourriture. On y remarque surtout un grand nombre de femmes avec leurs enfants.

On objectera qu'il est difficile de décomposer dans cette assemblée immense les ondulations des terrains, les rochers ou les collines, que le ciel nuageux et vivement coloré est, sans contredit, des plus invraisemblables.

Toutefois, cette page est une œuvre qui justifie par sa composition, par son effet et par son jeu de lumière le grand intérêt qu'on pouvait pressentir déjà sous sa couche noirâtre comme nous le faisions il y a six ans.

Il faut l'examiner avec soin du centre de la salle, fouiller ces groupes qui se meuvent et s'agitent avec autant d'expression dans le dernier plan que dans le premier, et, alors, il reste dans l'esprit une de ces impressions qui ne s'effacent pas et qui caractérisent les ouvrages de l'art inspirés par un véritable talent.

Ces toiles ont 10 m. 75 de largeur sur 5 m. 25 de hauteur.

Un tableau placé à l'église de Saint-Pierre, à droite en

entrant semble à première vue devoir être de la main de
Cretey. Nous l'avons attribué à Sarrabat et, après nou-
vel examen, nous restons dans l'hésitation ; la toile de
l'église Saint-Pierre est de beaucoup supérieure à celles
du réfectoire. Toutefois elle pourrait être celle représentant *la Fraction du pain*, placée dans la chapelle des
Pénitents du Confalon et attribuée à un Cretey par Cla-
passon (1).

Il nous reste à examiner les sujets de la voûte, peints
à l'huile directement sur l'enduit, qui se trouvaient dans
un état de délabrement tel qu'on pouvait les considérer
comme perdus. M. Détanger a certainement montré dans
leur restauration beaucoup de talent et de bonne volonté
puisqu'ils nous paraissent dans tout leur éclat.

L'ovale le plus éloigné de l'entrée représente *le pro-
phète Élie* dans son char de feu traîné par des chevaux
blancs, enlevé vers le ciel en présence d'Élisée ; ce tableau
était le mieux conservé.

Le cadre circulaire du milieu est rempli par l'*Ascension*.
Le Christ placé au centre se détache sur le ciel et de nombreuses figures sont réparties autour du cercle.

L'ovale le plus rapproché représente l'*Assomption* de
la sainte Vierge ; quelques figures se montrent sur un
côté de l'ovale.

La part de l'artiste restaurateur, dans ces deux derniers
ouvrages qui étaient, comme nous l'avons expliqué, pour
ainsi dire effacés, se trouvant des plus importantes, nous
nous bornerons à les signaler sans nous permettre d'ex-
primer un jugement.

Ces clefs de voûte ont 3 m. 45 de diamètre.

____

(1) Page 73.

2

Les détails dans lesquels nous venons d'entrer témoignent combien il faut s'applaudir de la résurrection de cette salle qui constitue un des vestiges des plus importants de l'art lyonnais à la fin du XVIIe siècle. Espérons que cette fois, après l'avoir mise à neuf, on l'entretiendra, contrairement aux usages de notre cité, dans un état convenable en la préservant avec soin de l'envahissement de la poussière qui est la destruction de l'effet de toute sculpture et en disposant les objets d'art qu'elle doit recevoir, de manière à ne pas l'encombrer et à lui conserver son effet grandiose.

Cette heureuse entreprise encouragera, nous l'espérons, l'administration et M. l'architecte en chef de la ville à persévérer dans cette voie et à appliquer successivement et avec la même prudence ces soins intelligents à toutes les autres parties du Palais jusqu'à ce qu'il justifie pleinement sa destination aux Beaux-Arts.

II

LES STELLA

Cette famille illustre attend encore une biographie complète, si nous ne nous trompons ; cela viendra sans doute.

En attendant, nos recherches nous ont permis de constater quelques erreurs de dates de naissance et de mort de ces personnages et de compléter les rangs de leur généalogie. Voici donc ce que nous avons trouvé :

François Stélla le père né, selon Mariette et la *Biographie lyonnaise*, à Malines, vers 1563, mourut à Lyon le 26 octobre 1605.

De Claudine de Masso il eut deux garçons : Jacques et François II, et trois filles : Magdeleine, Claudine et Françoise.

Claudine de Masso mourut aux galeries du Louvre le 31 août 1660, probablement fort âgée puisqu'elle est dite, dans l'acte de la paroisse de Saint-Germain-l'Auxerrois, « veuve de feu François Stella et mère de feu Me Stella, peintre ordinaire du roi (1). »

Jacques, né en 1596 à Lyon selon Felibien (1595 selon Mariette) est mort à Paris le 29 avril 1657 dans les galeries du Louvre. Remarquer que Mariette fixe bien 1657 et la *Biographie lyonnaise* 1647.

François, deuxième du prénom, est né à Lyon le

---

(1) *Recueil d'actes concernant les artistes*, etc., par Herluison, page 416 ; voir le récent travail de M. de Valous, sur l'*Inventaire des livres d'un abbé de Valbenoite (Lyon, 1875)*, pages 20 et 21.

23 août 1603 et fut baptisé à Saint-Nizier où il eut pour parrain François Clapisson, procureur du roi en la sénéchaussée et présidial de Lyon, et, pour marraine, Sibille Serenier (Registres de Saint-Nizier à Lyon) ; il se maria à Paris, le 5 février 1643, avec Jeanne Heste ou Hatte, veuve de feu Etienne Rolan, et mourut également à Paris, rue de la Coutellerie, le 26 juillet 1647 (1) ; c'est probablement cette date qu'on a appliqué à son frère Jacques.

MAGDELEINE, dont nous n'avons pas la date de naissance, épousa Etienne Bouzonnet, orfévre à Lyon, dans le quartier Saint-Jean et mourut à Paris, après son mari, le 20 octobre 1662 (2).

Etienne Bouzonnet mourut à Paris dans les galeries du Louvre, le 17 décembre 1660 (3) et eut de Magdeleine Stella deux fils : Antoine et Sébastien, et trois filles : Claudine, Françoise et Antoinette que nous trouverons plus loin.

CLAUDINE STELLA est née à Lyon, le 25 avril 1595 ; elle eut pour parrain Henry Megret, orfèvre, et pour marraine Claudine Megret (Registres de Saint-Nizier); nous n'avons pas la date de sa mort.

FRANÇOISE STELLA, née à Lyon, le 2 mai 1606 (Registres de Saint-Nizier), est morte à Paris dans les galeries du Louvre le 22 novembre 1660 (4).

Les enfants Bouzonnet ajoutèrent le nom de Stella au leur, probablement pour mieux unir tous les membres de

---

(1) Registres de Saint-Germain-l'Auxerrois, *Dictionnaire de Jal*, page 1150; *Recueil d'actes*, etc., page 416; *Biographie Didot*.

(2) Idem, *Recueil d'actes*, etc., page 417.

(3) Idem, ibid.

(4) Registres de Saint-Germain-l'Auxerrois, *Recueil d'actes*, etc., page 417.

ces deux générations d'artistes si étroitement liés déjà par leurs travaux.

ANTOINE BOUZONNET STELLA, né à Lyon, le 25 novembre 1637, (registres de la paroisse de Sainte-Croix), 1630, selon la *Biographie Lyonnaise*, ou 1634 selon Mariette, est mort à Paris, aux galeries du Louvre, le 9 mai 1682, âgé, dit l'acte, de 45 ans environ (1). Toutefois il y a lieu de remarquer que l'acte porte « Anthoine Stella, peintre du Roy, etc. » sans qu'il soit question de son véritable nom, Bouzonnet, qu'il avait ainsi remplacé par celui de son oncle.

La lettre suivante, qui présente quelque intérêt, indique sa façon habituelle de signer.

« A Monsieur,

« *Monsieur* L(E POUSSIN) — *premier peintre (du Roy) franche,*

« A (Rome).

« De Paris, ce 17 aou 1657.

« Monsieur,

« La cognoissance que jay des graces que vous avez faitte (*à*) feu Monsr Stella, mon oncle, de l'avoir honnoré de vostre a(*mitié*) ma donné la liberté de vous faire ces lignes pour vous supplier tres humblement d'agreer les offres que je vous fais de mes petis servise qui vous sont offert aveq soubmission. Je say bien que ces une témérité a moy que doffrir si peu de chose a une personne de vostre merite (.) la confi(*ance*) que jay en vostre bonté men faict espérer le pardon. (*Puis*) qu'avez faict la grace

---

(1) Idem, *Dictionnaire de Jal*, page 1150 et *Recueil d'actes*, p. 417. Voyez aussi, Guillet Saint-Georges, dans les *Mémoires inédits des académiciens*, tome 1, pages 422 à 430.

à loncle soufrez que cette mesme bonté la fasse rejaillir sur le nepveu qui ne faict aut(res) prieres a Dieu que pour laugmentation de vostre santé et qu'il luy fasse la grace de vous tesmoigner quil est a(vcq) vostre permission,

« Monsieur,

« Vostre tres humble, tres obéisan et tres affectionné serviteur,

« A. BOUZONNET STELLA. »

(*En travers de la marge* :)

« Ma mère grand vous saluë et tous ceux de nostre familie et vous remersion tous et moy particulièrement de la faveur que vous nous faitte de nous promettre un de vos chef d'œuvre. Je vous prie, si vous nous faite l'honneur de nous escrire, de mettre la dresse sous le nom de Stella parce que la vostre derniere il ure de la pesne à trouver le lieu parce quil ne cognoisoit pas le nom (1). »

SÉBASTIEN, né à Lyon, le 13 avril 1644, (registres dé Sainte-Croix de Lyon), est mort à Paris, aux galeries

---

(1) *Archives de l'art français*, tome III, page 366.

Nicolas Poussin fit, au revers de cette lettre, un dessin qui fut rogné de façon que des extrémités de lignes manquent ; M. Ph. de Chennevières les a restituées entre parenthèses. Cette pièce, intéressante à un double point de vue, appartenait, en 1855, à M. de La Salle qui l'a ainsi communiquée. Voyez aussi dans le *Magasin pittoresque*, tome xxive, pages 195 et 196, la lettre que Poussin écrivit le 22 novembre 1642, à Lyon, séjournant chez Jacques Stella, au verso de deux esquisses représentant la *Conversion de saint Paul*. On ne saurait négliger tout ce qui relie ce peintre célèbre avec notre Lyonnais.

du Louvre, le 16 août 1662 (1); nous ignorons s'il s'occupa de peinture.

CLAUDINE, née à Lyon le 7 juillet 1636, (registres de Sainte-Croix de Lyon), 1634 selon la *Biographie lyonnaise*, est morte à Paris, dans les galeries du Louvre, le 1ᵉʳ octobre 1697 (2).

FRANÇOISE, née à Lyon, le 12 décembre 1638 (registres de la paroisse de Sainte-Croix de Lyon), est morte à Paris, dans l'appartement de son neveu, aux galeries du Louvre, le 18 avril 1692 (3); la *Biographie lyonnaise* fixe 1676. Mariette, la biographie Didot et Jal disent que Françoise est morte le 18 avril 1691 ; lesquels d'eux ou de H. Herluison ont bien copié le registre? Nous penchons pour le dernier, craignant que Jal et H. Harduin, n'aient copié Mariette. Hélas, il est devenu impossible de contrôler le document original qui a disparu dans l'incendie de l'Hôtel-de-Ville de Paris!

ANTOINETTE, née à Lyon, le 24 août 1641 (registres de la paroisse de Sainte-Croix de Lyon), 1633, ou 1635 selon la *Biographie lyonnaise*, est morte à Paris, aux galeries du Louvre, le 21 octobre 1676, âgée, dit l'acte, de 31 ans (4); cela prouve que ceux qui firent la déclaration du décès étaient mal renseignés.

On voit par les documents qui précèdent que la plupart des membres des familles Stella et Bouzonnet moururent à Paris « dans les galeries du Louvre. »

----

(1) Registres de Saint-Germain-l'Auxerrois; *Recueil d'actes*, etc., page 417.

(2) Idem ; ibid.

(3) Idem, *Dictionnaire de Jal*, page 1150 : *Recueil d'actes*, etc., p. 417.

(4) Registres de Saint-Germain-l'Auxerrois ; *Recueil d'actes*, etc., page 417.

Cela donne quelque intérêt à la pièce que nous fournissons ci-après par laquelle Louis XIII concéda d'une manière précise ce logement à cette famille d'artistes.

. . . .

« Aujourdhuy xxix jour du mois d'avril 1657 le Roy
estant à Paris, Jacques Stella, l'un des peintres de Sa
Majesté estant décédé aujourdhuy, au moyen de quoy le
logement qu'il occupoit au dessous de la grande gallerie
de son chasteau du Louvre dans lequel il avoit fait plusieurs reparations et accomodemens a ses dépens estant
vaccant, Sa Majesté désirant le remplir de personnes dont
la vertu et suffisance dans les arts corresponde au desir
quelle a que lesdits logemens soient toujours remplis de
gens rares et excellents, et ayant particulière connaissance
du soin extraordinaire que ledit deffunct Stella a pris depuis longues années dinstruire et elever dans lart de peinture et graveure Anthoine Bouzonnet Stella, son nepveu, et
Claude Bouzonnet Stella, sa niepce, frere et sœur, quil a
rendus capables de meriter par leur intelligence et capa-
cités digne rang parmy les plus vertueux. Sadite Majesté
desirant de plus en plus leur donner moyen de se perfec-
tionner a accordé et accorde auxdits Antoine et Claude
Bouzonnet de Stella le logement que ledit deffunct Stella
occupoit dans ladite gallerie, a present vaccant comme
dit est par sa mort, pour diceluy jouir et user conjointe-
ment ou par moitié ainsy quils saccorderont entre eux,
aux mesmes prerogatifves, priviléges et exemptions quen
a jouy ledit Stella et que jouissent les autres artisans de
la grande gallerye mesme pour d'autant plus gratiffier
et favorablement traiter lesdits Anthoine et Claude Bouzonnet Stella, sadite Majesté veut quaprès le deces de
l'un deux le survivant jouisse seul dudit logement entier,
si ce nest que pour lors sadite Majesté aimast mieux dis-

poser de la moitié vaccante en faveur de l'un des autres
neveux ou niece dudit Stella, lesquels font pareillement
profession desdits arts de peinture et graveure, le tout a
la charge que Claude Masso. mère dudit deffunt Stella
demeurera sa vie durant dans ledit logement et que ladite Claude Bouzonnet Stella venant a se marier prendra
un artisan agréable a la Majesté, laquelle mande au sieur
Ratabon, conseiller en ses conseils, et surintendant et
ordonnateur général de ses bastiments, arts et manufac-
tures de France, et a l'intendant et ordonnateur diceux
de faire souffrir et laisser jouir et user lesdits Anthoine
et Claude Bouzonnet Stella dudit logement sans leur donner ny souffrir leur estre donné aucun trouble ny empê-
chement en vertu du présent Brevet quelle a voulu signer
de sa main et faict contresigner par moy son conseiller,
secrétaire d'estat et de ses commandemens. Signé *Louis*,
et plus bas de *Guenegaud*, et a costé : Veu par nous le
présent brevet pour faire a leffet diceluy suivant l'inten-
tion de Sa Majesté par lesdits Anthoine et Claude Bouzonnet Stella et aux conditions y spécifliez. Faict à Paris
ce quatriesme moy MVIᵉ cinquante-sept.

    « Signé : RATABON et VARIN.
« Collationné à l'original en parchemin (1). »

Ce logement, accordé à Antoine Bouzonnet Stella,
était le vingt-cinquième de ceux mis à la disposition des
artistes. M. J.-J. Guiffrey, qui a publié un long article
sur ce sujet dans les *Nouvelles Archives de l'art français*
(année 1873), fournit la succession de ceux qui occupèrent
chacun d'eux.

---

(1) *Archives de l'art français*, tome III, page 208.

Il donne, pour celui qui intéresse nos Lyonnais, la nomenclature suivante (p. 134) ;

J. Stella.

1657. Antoine Bouzonnet-Stella.

1682. Claudine Bouzonnet-Stella.

1698. Etienne Baudet (graveur).

1711. De Fontenay (peintre-fleuriste).

1745. Jean-Baptiste de Fontenay (peintre-fleuriste).

1730. Antoine Gounod (fourbisseur).

1751. Nicolas-François Gounod (fourbisseur).

Puisque nous avons pu préciser quelques dates sur les Stella, pourquoi ne rappellerions-nous pas ici les recherches de Jal (1) sur les Charmeton ; l'un deux, Georges, fut, selon Félibien, élève de Jacques Stella.

Georges Charmeton est né à Lyon vers 1619, puisqu'il est mort à Paris, âgé d'environ 55 ans, le 18 septembre 1674 (registres de Saint-Roch) ; on ne sait rien sur son père.

Il eut deux frères :

1° *Vincent*, maître-peintre à Lyon, dans le quartier de Notre-Dame-de-la-Platière, qui eut un fils, *André*, peintre aussi, qui épousa Luce Marquis dont il eut Jean. André est mort à Lyon, âgé de 51 ans, le 3 juillet 1722 ; Luce Marquis y est morte aussi, âgée de 34 ans, le 22 décembre 1702.

Jean, dessinateur et peintre, quitta Lyon et vint à Paris où il épousa, à Saint-Sulpice, Anne Bauchet.

2° *Christophe*, sculpteur du roi, qui épousa, le 18 mai 1682, Marie Thierry et en eut sept enfants ; il est mort à Paris, le 18 février 1708.

---

(1) *Dictionnaire critique de biographie et d'histoire* (p. 370).

Un André Huret, cousin germain de Georges Charmeton, était-il un parent de notre Grégoire Huret?

Comment les beaux-arts ne se seraient-ils pas aussi
puissamment développés aux xvie et xviie siècles avec de
semblables familles où, de père en fils, la plupart des
membres s'adonnaient à leur étude et sous toutes
les formes ?

On eut, depuis cette époque, jusqu'au commencement
de ce siècle, des ateliers où les traditions de l'art se
perpétuèrent encore dans une certaine mesure ; ils ont
disparu parce que les maîtres n'y trouvaient pas leur
profit.

Enfin, l'égoïsme pénétrant de plus en plus dans les
mœurs, on laisse désormais à des professeurs salariés
le soin de faire des élèves, dans des écoles publiques,
tant on craint de former des rivaux en enseignant certains moyens d'exécution qui deviennent souvent des
secrets.

En vain nous organisons des écoles où nous nous effor-
çons d'enseiguer les arts à la jeunesse ; le feu sacré manque parce que les jeunes gens, à peine sortis de ces murs,
sont environnés par d'autres sensations et étreints par
d'impérieux besoins. Ils se lancent, isolés, dans la pra-
tique où ils se découragent vite, sans conseils et sans
maîtres, pour tomber ensuite dans la médiocrité !

Les palmes, les honneurs et la fortune ne parviennent,
et alors avec abondance, qu'à ce petit nombre auquel le
savoir-faire et les circonstances, plus souvent que le
véritable talent, ont donné une certaine vogue.

Paris qui a conservé encore une certaine atmosphère
où les artistes peuvent se réchauffer, est livré, lui-même,
à des coteries et à des rivalités qui ne sont plus celles

d'atelier qui pouvaient être fertiles en entretenant l'émulation. C'est la politique tombée dans les arts ; c'est l'opposition pour en faire.

L'artiste ne peut produire que péniblement et isolément en province. Heureusement la vitalité artistique est si forte en France que ces circonstances ne découragent personne, et que notre pays, si martyrisé depuis quelques années, a conservé sur ce point et sur toute son étendue, une juste primauté. Mais puisque les écoles ont remplacé les familles et les ateliers, c'est sur elles que doivent se porter les regards, les soins et les encouragements. C'est là qu'il faut maintenir les hautes études et les traditions classiques, battre en brèche le réalisme dans son côté vulgaire et enseigner le beau sous toutes ses formes.

L'Administration s'est émue et remplit ses devoirs ; ce sont malheureusement les artistes — n'enseignant pas — qui critiquent ceux auxquels est échue la rude besogne d'enseigner ! Jaloux ou étourdis, ils ne se doutent peut-être pas de leur inconséquence ; c'est pourquoi nous avons pensé qu'il était bon de rappeler, par des faits puisés dans l'histoire de nos célébrités lyonnaises et de nos maîtres, que l'art ne grandit jamais dans l'isolement.

III

LES MARTELLANGE

—

MEMORIÆ

STEPH. DE MARTELLANGE PICT. DELPH.

QVI HIC IN DOM. S. LABOR

A L'OYSEAV DV PARADIS

1574

ET MEMOR. FILII EJVS LVGDVN. SOC. IESV ARCHIT.

ET PICT. EGREGII POST ANNOS CCC

R. DE CAZENOVE

HOC MONVMENTVM POSVIT

1874 (*).

La plupart de nos lecteurs demanderont, sans doute, où est placée cette inscription, devant laquelle, pourtant, ils ont dû passer sans y prendre garde.

C'est un hommage rendu au souvenir d'artistes, dont le vulgaire ignore même le nom, par un de nos concitoyens, possesseur de la maison où ils habitèrent, place Saint-Pierre, n° 2.

(*) A la mémoire d'Estienne de Martellange, peintre dauphinois, qui, dans ce lieu et dans sa maison, travaillait en 1574 à l'enseigne de l'*Oyseau du Paradis*, et à la mémoire de son fils Etienne, lyonnais, de la Société de Jésus, architecte et peintre de renom. Après trois cents ans écoulés, R. de Cazenove a posé ce monument, 1874.

M. Raoul de Cazenove, en homme de cœur, a pensé qu'il était bon de faire durer ainsi la mémoire de ceux des nôtres marquant dans l'histoire, dont on doit apprécier le mérite. Avec l'esprit qui le caractérise, il a pu dire dans cette courte inscription tout ce qui était indispensable, en même temps qu'il rappelait, en y joignant un nom de famille considéré à Lyon, cette vérité, trop négligée de nos jours, qu'il faut perpétuer et même glorifier tous les noms quand ils honorent une ville et un pays.

Historien du fils, l'un des artistes dont on a ainsi fixé l'existence dans nos murs, nous ne pouvions négliger le père, et ce sera avec les documents précieux qui nous ont été si libéralement confiés par M. de Cazenove, que nous fournirons quelques détails absolument inédits et un travail dans lequel nous ne serons, en quelque sorte, qu'annotateur.

Il est inutile de demander une date de naissance ; nous avons vainement provoqué des recherches qui n'ont absolument rien produit sur ce point.

Etienne Martellange paraît être né à Saint-Péray (département de l'Ardèche). Il est probablement pour nous le deuxième du prénom d'Etienne, puisque son père est nommé Etienne, ou quelquefois Jehan (1), ainsi que celui qui fut jésuite et architecte. En conséquence, et pour ne pas confondre ces trois personnages, nous devrons faire suivre ce prénom du chiffre qui indique leur ordre de naissance.

------

(1) On verra plus loin un contrat de mariage où ce personnage est dit : « Mᵉ Estienne de Martellaige », tandis qu'on trouve dans un testament : « Jehan Marthelange » ; et il s'agit toujours du père d'Etienne II.

Les deux premiers Martellange font précéder leur nom de la particule ; les trois jésuites l'ont constamment négligée.

Jehan, ou Etienne 1er fut peintre-verrier et habitait Valence, en Dauphiné.

De son mariage avec Sicille Chaphe, il eut deux fils : Jacques, aussi peintre-verrier sur lequel nous n'avons rien et Etienne II, peintre, qui est celui qui nous occupe, lequel à son tour eut trois fils dont il sera question plus loin.

Etienne II vint à Lyon à une époque que nous ne pouvons préciser, mais qui est antérieure à l'année 1565.

D'après les notes inédites de Ménestrier, cet artiste eut pour maître Jean Capacin, florentin, qui fut, est-il dit, élève de Raphaël. Il peignit le portrait de son maître, tenant un livre où étaient écrit ces deux vers :

Quod bene discipulus depinxerit ora magistri,
Ostendit populo se didicisse bene.

Ce portrait semble avoir été dans la bibliothèque du collége de Tournon et par conséquent il a dû être détruit dans l'incendie de 1649. Nous ne connaissons de ce Jehan Capacin, qu'un tableau de sa main au musée d'Avignon, qui est décrit comme il suit dans la notice :

« Numéro 58. — *Portrait d'un jeune étudiant florentin ayant une fraise au cou et un feutre sur la tête.*

On remarque à la partie supérieure du tableau cette espèce de rébus 1577. I (une boule figurée) V. — C. (une colonne), I. A. L. M.

Au revers du tableau qui est sur bois, on lit : F. M. ANNVM. AGENS. DECIMVM. ET NONVM. INCEPIT. CVRRICVLVM. PHILOSOPHIÆ.

Et au-dessous : IOANNES. CAPASSINI. FLORENTINVS. PINXIT. ANNO. 1577.

Hauteur 0^m, 22 ; largeur, 0^m, 17.

Ce portrait fut mal à propos attribué à Holbein, dit la notice des tableaux du Musée. »

Jean Capacin ne figure pas parmi les élèves de Raphaël cités dans l'excellent ouvrage de Passavant, annoté par M. Paul Lacroix.

Quels furent ceux des Stella et des Martellange qui se rencontrèrent à Rome en 1576 ? Nous nous le demandons encore. Etienne III avait sept ou huit ans à cette époque et son père, Etienne II, était établi à Lyon. De plus François Ier Stella n'avait que treize ans. Nous ne trouvons aucun élément pour découvrir la source ou l'explication de cette circonstance redite par tous les historiens. S'agirait-il toutefois de Jacques Martellange, frère de Etienne II, peintre-verrier, et de Vincenzo Stella qui fut membre de l'académie de Saint-Luc à Rome ?

Etienne II se maria à Lyon en 1565 avec Claudine Roy ou de Roy. Nous donnons *in extenso* son contrat de mariage, conservé par M. de Cazenove, lequel fournit une série de détails des plus intéressants.

Nous garde du scel commun royal estably aux contracts du baillage de Mascon et senéchaulcée de Lyon scavoir faisons a tous ceux qui ces présentes verront,

Comme mariage ayt esté traicte en face saincte mère l'esglise que sera célébré s'il plaist à Dieu entre Estienne de Martellaige, fils de feu Me Estienne de Martellaige m^e painctre du dyocèse de Valence a present habitant en ceste ville de Lyon espoux d'une part et honneste fille Claudine de Roy fille de feu Jullen de Roy en son vivant m⁰ serrurier (1), juré de la ville de Lyon espouse d'autre part.

Au traicté de leurs parans et amys et cy presens il est avisé que par devant Anthoyne Luzernod notaire royal à Lyon soubsigné et presens les tesmoings cy après nommés personnellcment establys et constituez les sd. Estienne de Martellaige espoux futour d'une part et la d. Claudine Roy espouse advenir de l'aultre des parties lesquels saichans de leur liberalle volunte pour elles et les leurs font les promesses matrimonnialles constitutions et institutions augmentations et aultres choses suyvans assavoir que les sd. espoux et espouse ont promys et promectent soy représenter du faict de nostre saincte mère l'esglise pour illec recepvoir la benediction nupcialle touteffois et quantes que lune partie requerra l'aultre c'est repondant se sont prins et pringnent l'ung laultre pour vray et loyal espoux et espouse. Et parce qu'il est louable coustume de constituer dot ez mariage aux filles affin que les marys puissent mieulx supporter les charges du mariage a ceste cause personnellement estably et constitue noble et saige homme Monsᵉⁿʳ Francoys de Villars consellier au parlement de Dombes et siége présidial a Lyon lequel saichant de son bon gré pour luy et les siens a constitué et constitue donne et donne à la sd. Claudine de Roy presente et acceptant pour partie de son dot et ce par donation faicte entre vifs et à cause de nopces la somme de cent livres tournoys, une robbe nupcialle ensemble la garniture un lict de toille (payable la susd. robbe et garniture de lit) lors de la solempnizacion de ce mariage et les cent livres en deux termes assavoir cinquante livres aussi a la solempnization de ce present mariage et les aultres cinquante livres a la feste nativité sainct Jehan baptiste prochain venant aux

---

(1) Arquebusier? Ce mot est à moitié effacé dans la pièce originale.

d. espoux et espouse presens et acceptans et moyennant
la sd. constitucion la sd. Claudine de Roy ou lauctorité,
conge et licence du sd. de Martellaige son espoux aquicte
et quicte pour elle et les siens au d. seigneur de Villars
present et acceptant tout ce que luy pourroyt estre deu
pour les loyers et sallaires des services quelle luy a faict
et a sa femme et famylhe de tout le temps passé jusque a
la date des presentes et en augmentacion du dit dot personnellement estably et constitué honorable sieur homme
monsieur Me Jehan Pichin bourgeois du sd. Lyon lequel
saichant de son bon gre a donne et donne constitue et constitue a la d. Claudine presente et acceptant par donnation
irrévocable faicte a cause de nopces la somme de cinq livres
tournoys laquelle somme il promet payer au sd. futeurs
espoux lors d. la solempnizacion de ce present mariage et
par mesme faveur et contemplacion de ce mariage noble
homme monsieur Me Claude de Villars chatellain de Condrieu a donne a la d. Claudine espouse presente et le re-
graciant la somme cinq livres tournoys laquelle somme il
promect payer aux sd. futeurs espoux le jour de la solempnizacion de ce present mariage. Et oultre ce la sd. Claudine
de Roy espouse pour peus grande augmentation de son dot
s'est constitue et constitue et pour elle aud de Martellaige
son espoux present et acceptant assavoir tous et ung chacun ses biens droicts noms et actions meubles et immeubles present et advenir quelconques faisant et constituant
le d. de Martellaige son procureur irrevocable pour iceulx
ses biens exaiger et recepvoir de toutes personnes. Et aultrement faire comme mary de biens dotaulx peult faire.
Daultre part et tout ainsi qu'il est de bonne coustume de
constituer dot aux femmes aussi les convient-il rendre et
augmenter et partant le d. Estienne de Martellaiges a promys et promect rendre et restituer la d. somme de cent dix
livres robbe nupcialle garniture de lit et tout ce que le sd.
de Martellaige recepvra des sd. biens noms actions dicelle

Claudine. Ensemble la somme de cent livres tournoys laquelle somme de cent livres le sd. d. Martellaiges a donne et donne a icelle Claudine daugment de son sd. dot et lesquelles sommes dotalle et augmentalle le sd. de Martellaiges a promys et promect rendre restituer et payer a la sd. Claudine ou es sieurs a ceulx ou celles a qui debvra devenir par de restitucion du d. dot advenant par mort ou aultrement soit que le sd. dot ayt este paye ou non a semblables termes que le sd. dot se trouvera avoyr este paye et lesquelles sommes dotalle et augmentalle le sd. de Martellaiges impose situe et assist generallement sur tous et ung chacuns ses biens meubles et immeubles droicts noms et actions presens et advenir quelconques et sur chacune partie et particule diceulx promectent en oultre les sd. parties sus contractans pour elles leurs fust par leur serment preste aux evvangilles de dieu et soubs lobligation de tous et ung chacuns leurs biens meubles et immeubles presens et advenir quelconques le present contraict de mariage et aultres choses sur et dessoubs escriptes avoir fermes estables et aggreables sans venir encontre par elles ne aultre en jugement ne dehors ne suivre prester aide faveur ne conseil a peyne de rendre et resercyr tous coustz despens dommaiges et interestz se soubmectant pour ce aux cours royalles de la seneschaussée ord. de Lyon et a toutes aultres cours par lesquelles les dites parties ou lune delles pourroient estre contrainctes cogiez et compellies par faulte daccomplissement des choses dessus et si ont renonce et renoncet les sd. parties a toutes exceptions deceptions canthelles capitulations et allegations quelconques a tous droictz canon coustumes et civil et a tous aultres droicts par lesquels les sd. parties ou lune delles pourroient venir et saider a venir contre la teneur et effect des présentes mesmes au droict disant quicelle condon ne valoir si lespecialle ne precedde ou sensuyve.

En tesmoing desquelles choses dessus

Nous garde du scel commun royal icellüy scel avons faict
mectre et apposer a ces présentes qui fureut faictes et passées à Lyon en la maison du seigneur de Villars le sixième
jour du moys de janvier lan mil cinq cens soixante cinq
presens a ce messieurs Mes Anthoyne Giraud advocat ez
cours a Lyon Me Jehan cabassin, Me Jehan barson et
Jacques danthoynet parans dicelle espouse tesmoings a
ce appellez et requis ainsi signe de Villars estienne de
Martellaige et de Villars Giraud tesmoing capassin barson
luzernod.

*Expédition pour les mariés
Martellange,*   Luzernod.

On lit à la suite et sur la cinquième page recto du
contrat de mariage de Etienne Martellange, et de sa
main :

Je soub signe Estienne de Martellange peintre a Lyon
confesse avoir heu et receu tout ce qui est contenu en ce
presant contrat de mariage et plusieurs autres choses
comme les dix et que luy avoiet donne ung nomme bouru
de Rue neue et quelque par du mariage de nre seur cate-
rine je ne say combien et ausi du bien de pommiers en
Daufine Je nay bien receu (60 £.) soixante £. en 12 ans à
5 £. pour an de laquelle somme et de tout le reste je men
tient pour contant et veux que le tout soiet randu a ma
bien aymée fame lors et quant elle le demandera et son
aumant (1)

Faict a Lyon en nre maison ce 20 mars 1586.

                            Estienne de Martellange.

---

(1) *Augment?*

Claudine de Roy ne serait-elle pas une parente de Maurice Roy, imprimeur à Lyon en 1550 et années suivantes ?

Ce Roy, selon le *Catalogue des Lyonnais dignes de mémoire*, aurait gravé, ou, peut-être seulement publié, avec Louis Pesnot, le plan de Lyon au xvie siècle, que la société de topographie historique de Lyon fait reproduire en ce moment par la gravure.

Pierre Roy, arquebusier de la ville en 1581 était locataire de la maison de l'Etoile, rue de la Bombarde, appartenant à Odet Croppet, greffier au siége présidial de Lyon (1).

Pierre Roy reçoit douze livres dix sous sur les revenus des gabelles pour les arrérages d'une pension (2).

Un Antoine Roy est maitre des métiers, chirurgiens au syndicat du 16 décembre 1568.

Quoiqu'il en soit, François de Villars et son frère Claude s'intéressèrent vivement à la mariée, puisqu'ils intervinrent, comme on l'a vu dans le contrat, ainsi que l'épouse de François, pour lui faire de riches cadeaux.

Selon M. Vachez (3), François de Villars lieutenant particulier et criminel au présidial de Lyon, échevin en 1579 et 1580, mort en 1582, épousa Françoise de Gayan (4) et fut père de Balthazar de Villars dont la vie est mieux connue, mais que nous n'avons pas à rapporter ici.

---

(1) Portefeuille CC 156. Taxe perçue pour la peste, et portefeuille CC 46, nommées du côté de Fourvières en 1586.

(2) Registre consulaire BB 88, folio 38, 1er février 1568.

(3) *Souvenirs du mont Pilat et de ses environs*, par E. Mulsant, t. ii, p. 183, notes.

(4) *Pernetti*, t. i, p. 443.

Claude de Villars (1), seigneur de la Chapelle, épousa en 1542 Charlotte Gayant. Il se retira à Condrieu dont il fut le capitaine-châtelain par nomination du duc de Nemours ; il eut cinq enfants.

Peut-être que Françoise de Gayan et Charlotte Gayant étaient deux sœurs épousées par les deux frères.

Claude de Villars, qualifié capitaine et châtelain de Condrieu, fermier de la refve de Sainte-Colombe et ports adjacents, dût réclamer en 1569 de n'avoir pu se faire payer des droits de refve, à cause des gens de guerre qui l'en empêchèrent. Le Consulat lui fit, en considération de cette circonstance, le rabais d'un quartier (2).

La similitude de prénom entre ce de Villars et l'épousée peut donner lieu à la conjecture de ce qu'il en était le parrain.

On remarquera enfin que Jehan Capacin, le maître d'Etienne II Martellange, signa au contrat, et que celui-ci se passa dans la maison de Villars où probablement Claudine Roy occupait une position familière.

Nous ne posséderions aucune donnée sur la nature du talent de cet artiste sans la circonstance fortuite qui a fait découvrir par M. Reignier, sculpteur à Lyon, un portrait de sa main, lequel cet amateur a bien voulu céder à la ville pour le musée historique des archives.

Ce portrait, peint sur bois, représente un personnage âgé et barbu, vêtu de noir à la mode du temps, avec une fraise et un chapeau dont la formé, en melon, se rapproche considérablement de celle de ceux qui se portent

---

(1) Vachez, comme plus haut.
(2) Registre consulaire BB 88, folio 62 verso, 17 mars 1569.

à présent. Il tient dans sa main droite un gant avec quelques fleurs ; on ne voit pas le bras gauche.

Le panneau, de 0ᵐ, 53 de largeur sur 0ᵐ, 68 de hauteur, porte en haut le millésime 1568. Au revers, on lit distinctement : STEPHANVS MARTELLANGIVS FACIEBAT ANNO 1568.

Il ne faut pas se le dissimuler, nous sommes là en face d'une œuvre de troisième ordre, et l'on ne doit pas s'étonner de ce que le nom de Martellange, peintre, n'ait pu parvenir jusqu'à nous.

Cependant il nous est resté un si petit nombre de noms de peintres exerçant à Lyon au XVIᵉ siècle qu'il ne faut rien négliger sur ce terrain. En effet, cette période fut si riche en hommes de talent dans tous les genres ; les œuvres d'art, exécutées dans le monde civilisé de ce temps, sont si nombreuses et d'une telle valeur qu'il convient de ne pas se presser dans les jugements ou dans les conjectures, de crainte d'être forcé de revenir sur ses pas.

M. Reignier nous a affirmé que d'autres portraits, également de la main d'Etienne Martellange, lui étaient déjà tombés sous les yeux ; cela témoignerait qu'il a travaillé souvent à Lyon.

Du reste, si Etienne II Martellange fut maître des métiers pour les peintres à deux reprises différentes, en 1573 et en 1576 (1), c'est qu'il n'était pas le premier venu et jouissait, du moins dans sa corporation, d'une certaine estime.

---

(1) Pour 1573, maîtres des métiers pour les peintres : « Claude Guillermet et Estienne de Martelanches » ; pour 1576 : « Mathieu Martin et Estienne Martelanche ». (Registre BB 371.)

On ne pourra donc pas trouver mauvais que nous donnions dans cette étude toutes les pièces qui peuvent fournir sur la vie de ce personnage des renseignements précis.

C'est pourquoi nous transcrivons son testament et autres documents qui établissent divers points importants de son existence.

Au nom de Dieu, amen. A tous ceulx qui ces prétes lectres verront, Nous garde du scel commun royal, estably aux contracts et baillage de mascon et seneschaulsée de Lyon, scavoir faisons *que pardevant* Jehan Cozon notaire tabellion royal de la ville et seneschaulsée de Lyon habitant audit Lyon soubs signe, Et presens les tesmoingts apres nommés, *personnellement* estably honnorable homme Estienne de Marthelange marchant painctre citoien de Lyon et natif de Vallence en Daulphiné ou d'un village apele sainct peray en viveres et fils de feu honnorables personnes Jehan Marthelange painctre verrier et Sicille Chaphe quant vivoient demeurant au dict Vallance, lequel scachant et bien advisé de ses affaires par la grace de Dieu, sain de ses sens entendement et en bonne memoyre considérant l'estat de fragillité humayne et qu'il n'est riens plus certain que la mort ne chose plus incertaine que l'heure dicelle Desirant pour nestre prevenu dicelle ordonner de soy et de ses biens que dieu lui a donnes. Et pour aultres bons respects avec le momant cy comme il dict et confesse de son bon gré pure franchise et liberalle volunté de faict dispose teste et ordonne comme par ces présentes il faict dispose teste et ordonne son testement nuncupatif et ordonnance de dernière volunté en la forme et manière que sensuict, *Premicrement* comme bon chretien il professe et proteste

de vouloir vivre et mourir en la foy et union de l'esglise
catholicque appostolicque et Rommayne, recommandant
son ame a Dieu le createur le fils et saint esperit et à la
glorieuse vierge Marie et à toute l'assistance divine faisant le venerable signe de la croix sur son corps disant
In nomine patris et fillii et spiritu sancti amen, suppliant tres humblement Dieu le createur que en l'honneur
et par le merite de son chier filz unicque Jesus christ notre
seigneur saulveur et redempteur il luy plaise recepvoir son
ame lorsqu'il luy plairra la separer davec son corps et la
mectre en repos eternel avec ses heleus et bienheureux
jusqu'au jour de la resurrection generalle, *Soubs* espe-
rance de laquelle il a esleu et eslit la sepulture de son corps
et veult estre inhumé dans l'esglise sainct pierre les nonnains du dict Lyon et sous le vas qui pour cest effect en
sera pose. (1) Et quant a ses faicts et fraiz funeraires haulmosnes après causes il sen remect entierement à la discre-
tion et volunté tant de ses heritiers universels que executeurs testamantaires cy après nommés Desquels il a playne
et antière confiance. *Item* le dict testateur donne lègue
cedde quicte et remet perpetuellement et norablement a
pierre biosse son frère et par mere et laboureur a sainct
perray en vivarestz tous les droicts noms raisons et actions
qu'il peult avoir oures ou pour l'advenir en ce sur les biens
de sa susd. feue mère en quelque sorte ou manière qu'ils
soient et se trouveront estre sortis et assis. Pour icculx
retrouver de que il appartiendra le dict testateur de faict
en faict par ces présentes son procureur le dict Biosse de
bien sen tenir pour contant en passer quictance en reffuz
contraindre et generallement en faire et disposer a sa libe-

----

(1) Les registres des enterrements de la paroisse de Saint-Pierre,
ne commençant qu'à l'année 1606 et Martellange étant mort avant
1603, nous n'ayons pu vérifier si son vœu avait été suivi d'effet.

rallité volunté et comme chose a luy donnée et léguée et
ceddée ce faisant en bon héritier particulier, *Item* donne
et légue cedde quicte et delaisse le dict testateur a honneste
Jacques de Marthelange son frère et painctre verrier assavoir tous les droicts, noms, raisons et actions que le dict
Jacques a receu au nom du dict testateur et que luy estoient
escheu et advenuz par le moien du decez de leur dict feu
pere et ce pour en faire a sa liberalle volunte le faisant
en ce son heritier particulier, *Item* donne et lègue le dict
testateur a celluy de ses enfans qui vouldra estre de l'estat
du dict testateur et ce oultre ce qui sera plus escript assavoir tous les portraicts et petits tableaux avec les ustensiles
propices au dict estat et qui seront lors en nature apres
son dict decez, et s'ils sont deux sera mesparty par moytié
à la condicion qu'ils ayderont a leurs aultres frères de
leur pouvoir ce qu'ilz pourront, *Item* donne et lègue le
dict testateur à tous et chescuns ses aultres parents ou
prétendant droicts et hoyrie en ses biens pour une foys
scullement la somme de cinq solz tournoys payables incontinant apres son décez par ses dictz heritiers particul-
liers, *Au résidu* de tous et chescuns ses aultres biens meubles immeubles or argent, droicts, noms, raisons et actions
passées et advenir quelconques qu'il n'a cy dessus donnés
ne légués donnera ne leguera cy apres, ses debtes legatz
fraiz funeraires haulmosnes et pies causes preallablement
paies et satisffaictz, *Le dict* Estienne de Marthelange testateur susdict a faict et faict, creu institue et nomme comme
par ses présentes il fait creu institue et nomme de sa propre bouche ses héritiers universels et veult qu'ils soient de
plain droict, *Assavoir* honnorable femme Claude de Roy
sa chiere et bien aymee femme, Estienne, Benoist, Ollivier
ses enfans ensemble le posthum ou posthume ung ou plusieurs duquel ou desquels la dicte de Roy se trouvera en
saincte lors du decez du dict testateur chescun par esgalle
part et portion laissant néanlmoingtz la charge et admi-

nistration de ses dictz biens et enfants à sa dicte femme sans reddiction de compte ne prestation de relicqua, *Deffendant* expressément a messieurs de la justice ne faire aulcun inventaire de ses dicts biens, ains veult et entend que ses executeurs testamentaires cy après nommez desquelz il a playne et entiere confiance le facent au moingtz de fraiz que faire se pourra, car advenant que la dicte de Roy voulut convoler en secondes nopces et non aultrement en ce cas le dict testateur luy ne legue et donne pour tous ses droicts noms raisons et actions qu'elle pourroit par cy apres quereller et demander à cause de la susdicte heredicte en ses sd. biens, pour une foys la somme de cent soixante six escuz d'or sol et deux tiers, *Et ce oultre* la constitution du doct de mariage qu'elle luy a aporte et l'augment que le dict testateur luy a donne en faveur du dict doct, dont a cest effect aura remis au dict mariage, *Laquelle somme* de cent soixante six escuz d'or sol et deux tiers avec le dict doct et augment le dict testateur veult et ordonne estre payés baillés et deslivrés à la dicte de Roy, cas advenant quelle voulsist convoler a secondes nopces comme dict est par ses dicts enfans et héritiers sus nommés scavoir le dict doct et augment aux termes portés par le dict contract de mariage et les dict cent soixante six escuz dor sol et deux tiers ainsi qu'il sera advisé estant toutefoys au moingtz dinterestz de ses dictz enfans par les sdicts executeurs testamentaires, la faisant en ça sa heritiere particulière sans que par cy après elle puysse quereller aultre chose a cause de la dicte heredicte cy dessus par luy faicte qui demeurera estaincte, *Et la ou elle ne se vouldroit* remarier ains demeurer en viduitte et quelle ne se peut comporter modestement avec ses sd. enfans et que iceulx enfans ne luy voulussent porter tel honneur et reverance qu'enfans doibvent au père et mère tellement quelle fust contraincte se retirer à part pour fayre son myeulx, *En ce cas* le dict testateur veult qu'elle preigne à soy sa

vie durant une chambre telle que bon luy semblera en la
maison d'habitation du dit testateur garnie des meubles et
ustenciles a ce necessaires et pour son entretenement luy
donne et legue de pension annuelle sa dicte vie durand
soixante six escuz dor sol et deux tiers qu'il veult et entend estre payes baillés et deslivres par ses sd. enfants à
la dicte de Roy chacun an sa dicte vie durand a deux termes
moytié a Noel et moytié a Sainct Jehan baptiste le premier
payement commencant au terme de Noel ou sainct Jehan
après quelle se seroit séparée davec ses ditcz enfans, et en
continuant pareille somme de soixante six escuz dor sol et
deux tiers chacun an sa sd. vie durant et payables aux
mesmes termes que sus est dict, *Et laquelle* pension de
présent comme pour lors ou des lors comme de présent cas
advenant quelle ne se remariat et quelle ne peult demeurer
avec ses sd. enfans et du dict testateur le dict testateur la
imposée intimée et assignée sur toute sa dicte maison et
sur une chacune partie et particulle dicelle Ensemble sur-
tous ses dictz biens, pour icelle luy estre payée comme sus
est dict à la charge et soubs condicion quaprès le decez de
la dicte de Roy la dicte pension chambre garnye sera
estain et amorty et demeurera a ses dicts enfans et delle,
Et quant a son doct et augment elle en pourra tester et
disposer a sa liberalle volunte, *Et pour exécuteurs* de ce
dict present testament nuncupatif et ordonnance de derniere volunte Noble Jacques Laurens esleu pour le Roy
en leslection de Lyonnoys, Jaques de la pallut et noble
pondz Murard bourgeoys du dict Lyon leur donnant à chescun deulx pouvoir de vendre et alliener de ses dictz biens
jusques a la concurrence des legactz par luy faictz, leur
priant et suppliant a ce ne faire faulte et vouloir accepter
la dicte charge, Et leur donne et legue de don gratuit a
chescun deux, ung tableau de la valleur de dix escuz dor
sol pour une foys a eux delivrer incontinant apres le decez
du dit testateur, car tel est sa liberalle volunte, *cassant*

et revocquant tous aultres testamens, codicilles, donnations et ordonnances de derniere volunte quil pourroit avoir faictz cy devant et lesquelz il revoque par les sd. présentes, voulant que le present son testament nuncupatif et ordonnance de derniere volunte sorte son plain et entier effect par ce droict, et s'il ne vault par ce droict, veult qu'il vaille par droict de testament solempnel ou de codicille ou de donnation faicte entre vif et à cause de mort et aultrement en la meileur forme et manière que testament peult valloir et doibt sortir son plain et entier effect selon les lois canonicques sanxions et louables coustumes faictes et introduictes en faveur des testateurs, *priant* et requerant le dict sieur Estienne de Marthelange testateur susdict les tesmoingts cy après nommes et à luy bien congneuz vouloir tenir ceste sa dernière volunte jusques apres son dict decez et dicelle en porter bon vray et loyal tesmoignage de verité en temps et lieu et quand requis en seront et au dict notaire Royal soubsigne en expedier ung ou plusieurs instrumentz ou instrument au proffit de qui il appartiendra et quand requis en sera, *En tesmoingt* de ce nous garde susd. le dit scel avons faict mectre et apposer a ces dictes présentes, *faictes et passées* au dict Lyon au lieu de la saincte Trinité appelle les Jesuistes et en la troisiesme classe, le dimanche vingt cinquiesme jour de janvier l'an mil cinq cens soixante et dix neuf, *Présens* honnorables personnes felix Regnier marchand de draps de soye, Jacques Vallier marchand appoticaire, pierre Baron marchand feratier, philibert Beccanosse marchand, Claude Raymond marchand boytier, Jullien Chermon consierge du pallais de larchevesché du dict Lyon et Jehan Bertrand bapteur dor demeurans tous au dict Lyon tesmoingts à ce requis et appellez. *Ainsi signe a la cedde.* Estienne de Marthelange, felix Regnier, Jacques Vallier, P. Baron, Ph. Beccanosse, Chermond tesmoingts,

Claude Remond, Jehan Bertrand et moy notaire royal Cozon de ce requis suyvant l'ordonnance.

Expédié est ce present testament au prouffict des sd. heritiers universels par moy notaire royal soussigné soubs mon seing manuel cy mys qui est.

Cozon.

Le Jacques Laurens dont il est ici question parmi les exécuteurs testamentaires ne serait-il pas le même personnage que le Jacques Laurens qui fut voyer de la ville de 1568 à 1575 ?

Toutefois il existait d'autres Laurent ou Laurens à la même époque, et notamment un Edouard Laurent de la Sara, docteur es droicts, échevin, lequel, nous ne savons trop pourquoi, est cité dans le registre consulaire de 1508 avec le prénom de Claude.

André Laurens, également sieur de la Sara, prononça l'oraison doctorale le jour de la Saint-Thomas 1568, et reçut pour ce 25 livres le 8 mars 1569 (1) ; il fut échevin en 1594 et en 1596.

Jacques Laurens le voyer fut remplacé, le 2 juillet 1575, par Bertrand Castel et fut inhumé, selon de Rubys, dans l'église de Sainte-Croix, le 8 novembre 1596.

Pons Murard, un autre des exécuteurs testamentaires, était comme Martellange, originaire du Dauphiné. Il était venu de Crest s'établir à Lyon, où il fut échevin trois fois, en 1574, 1581 et 1586. Il eut de son mariage avec N. Olier, entre autres enfants, Jean-Baptiste de Murard, seigneur d'Espagnieu, successivement procureur du roi

---

(1) Registre consulaire BB 88, folio 57, verso.

en l'élection, lieutenant du juge conservateur, conseiller au présidial de Lyon et échevin en 1616 (1). Pons Murard figure parmi les maîtres de métiers (épiciers) dans divers syndicats.

La famille de Murard fonda plus tard une chapelle dans l'église de l'Hôtel-Dieu du pont du Rhône.

Nous remarquerons qu'Etienne II, dans ce testament daté, comme on l'a vu, du 25 janvier 1579, parle des trois enfants qu'il a eus : Etienne, Benoist et Ollivier. On constate ainsi que Claudine de Roy avait rempli sa tâche de mère depuis le 6 janvier 1565.

En conséquence, Etienne III étant né à la fin de 1568 ou au commencement de 1569, devait être l'aîné, contrairement à ce que nous avons annoncé dans sa notice (2). On lit dans le testament d'Olivier, à la date du 12 mai 1608, qu'il était âgé de trente ans à cette époque, ce qui le fait naître en 1578. Benoist devait être venu au monde entre 1569 et 1578 ; nous avons dit (3) que ce dernier mourut à Avignon le 11 juillet 1619.

Martellange crut devoir rédiger, quelques années après, le 20 août 1586, un codicille entièrement écrit de sa main, qui présente un grand intérêt, malgré une orthographe des plus fantaisistes.

On y remarquera d'une manière particulière le passage où le peintre donne à son fils Etienne III, qui probablement à cette époque avait déjà manifesté son goût pour la peinture, son atelier avec les tableaux , dessins ,

----

(1) Pernetti, page 180.
(2) *Etienne Martellange*. Lyon, MDCCCLXXIV, page 8.
(3) Idem, ibidem.

sculptures en plâtre, cire et marbre, bronzes, médailles et ustensiles à l'usage des artistes.

Il ne désigne pas l'exécuteur testamentaire qui devra remplacer celui dont il est question au commencement du codicille et qui est mort depuis la rédaction du testament de 1579.

IHS   AM

« Au non de Dieu soict amen. sachant tous pns e avenir que jaye faict mon testement l'an mil caincq cens soixante et dix neuf receu par M⁰ Jehan Couson auquel je ne veux rien bouger ni diminuer mes vouiant que l'un de nous esxécuteurs est mort désirant laisser empes (1) ma tres chiere et bien aymée fame avesques ses enfants et quils luy randet (2) lonneur qu'ils luy doyevet avecque lobéisance requisse a bons enfans qui cregne dieu et a ce faire je les hesorte et commande pour lamour de dieu et lobeissance quils luy doevet de ne faire jamais rien sans son boun avis et consel tant quelle demurera veuve en laysant la charge de ses enfant et aministration de tout toutefois sil estoiet besoien de faire Inventaire que se

---

(1) *En paix ?*

(2) *Rendent.* On remarquera que tout le long de cette pièce Martellange orthographie ainsi la troisième personne du pluriel du subjonctif.

soiet entreheux et hun greffier au moiens de depans qui
se pourra et cume jay dict par mon testemant que mes
enfans ne fusset bien hobeisans a leur tres chierre mere je
luy veux faire sa part et a checun de mes enfans, a celle
fin quil naict rien a disputer ensamble mes se regler par
ceste regle escripte de ma main et sous signe

« Et quand mes Enfans se hoblieroiet de tant que de
ne reconnoytre donnt (*sic*) ils sont sortis ce que je ne pance
qui puisse avenir

« Je donne à ma chiere et bien aymée fame sa vie durant et quele demeurera veuve la premiere sale avequos
la cuisine et les meubles nesessaires pour son service et
la première galerie et hesances et la cave vielle et cavan (1)
et le buchen en alant a la cave et la tour et pour son
entretenement je veux lui estre balie par mes heretiers
trante ecuts dor qui seront pris sur le louiage de la
mayson et apres son deses je veux que le tout soict prise
et reparty a mes 3 enfans sans diviser rien mes que mon
fils Etienne rande leur part a ses 2 frères sacommodant
en argent comme bons freres gardant touiours lamitié
ensambre Je antant la part qui leur echera de leur mere
Et pour la part de mon fils Estienne je luy donne ma
chambre aute ou je travale avequos tous les visages tant
en tableaux que en toelle et papier et autres desains en
papier et tous mes relief tant de marbre que de sire et
platre et modeles de cuivre et poum (2) papiers estansiles
de lar avequos toutes les couleurs pinseaux qui se trouveront en nature Pour lors et ne veux quil soict rien
inventorié que les tableaux de devotion et istoieres qui
seront prises et vandus pour paier les efres (3) qui se feront et
entretenemant de la maison et ses freres et si l'un de ses

---

(1) *Caveau ?*
(2) *Plomb ?*
(3) *Affaires ?*

frères est de letat je veux quil luy en face par comme bon
frère comme je lay mis par mon testement Je donne
houtre cela la petite chambre après et les secondes galeries
les Esances et le grand grenier et chambre suivant et
quand au petit cabinet qui est dans l'autre grenier de son
frere benoict il sacorderont comme bons freres sil doict de
murer antier ou non pour la commodite du grenier

« Je luy donne aussi le magasin près la court et la
boutique et cave neuve a la charge quil baliora a ses deux
freres benoict et holivier pour chascun un la somme de
vint escuts dor sol qui se prandront sur le louage de
la boutique et cave a savoier à chacun 10 ecus pour
avoier moien de se entretenir au aprandre metiez et quil
naict hocation de se plaindre naiant rien sur le devant
lequel devant je ne veux qui se vande ni démanbre par
prossès

« Et pour la part de mon fils benoict je luy donne le
magasin qui est sur la cave vielle et la chambre et cuisine
aute et ses esances que tient le sire Claude bachelard
pour lors et le grenier qui est sur la chambre ou est le
poutan (*sic*), et le cabinet lequel je veux quil sacomode
avec son frere estienne comme bon frere outre les dix
ecuts quil prandra sur la boutique et cave neuve que son
frere Estienne luy baliera

« Et pour la part de mon fils holivier je luy donne le
magasin dernier et la chambre et cuisine dessus le dict
magasin et les esances et le petit crenier desus la cuisine
aute que tient le sire guillaume du Peron pour lors outre
les dix écus quil prandra sur le loiage de la boutique et cave
neuve et parce que les esances se mitiet par ce magasin
il est raison que soiet au despans des 3 freres comme y
aiant tous 3 part

« et quand a mes autres biens meubles et immeubles
je layse a ma fame laministration de tout et après son
desès je veux que mes 3 enfans se mepartiset entre heux

et sans bruit comme bons freres et sil avenoict que durant
la vie de leur mère lun deux fut deglise ou-marié je veux
que leur mere leur face leur part achascun comme elle
vera estre nesesaire et que le tout soiet à la gloyre de Dieu
et a son honneur

Sur le verso de la 4ᵉ page :

« La règle que je desire que mes enfans se gouvernet »

C'est le 14 décembre 1574 qu'Etienne II Martellange
fit l'acquisition de la maison de la place Saint-Pierre.

L'acte fut fait par Mᵉ Benoît du Troncy moyennant
la somme de 1800 livres tournois.

Nous estimons que ce fut notre peintre qui lui donna
plus tard l'enseigne de l'*Oyseau du Paradis*, attendu
qu'il n'en est pas question dans la vente :

« Noble Henry Glyatod vend une maison haulte
moyenne et basse a luy advenue de la succession et hoirie
de feue dame Jame Bailly sa mère située à Lyon en
la paroisse sainct Pierre joignant la dite église Sainct
Pierre où souloyt estre le poids de la ville et vis à vis
du puy Ranco du vent, la petite ruelle appellée l'asne
tendant de la s d place à la Luyserne du soir, la maison

que fut de mademoyselle de viryéu (1) du matin aux
forges du sd. vendeur et aux estables de la sd dame de
Virieu de bize.............. »

Le poids de la ville et le puits Ranco se voient par-
faitement dans le plan scénographique de Lyon au
xvi° siècle.

On signalera que l'acte du 14 décembre 1574 fut passé
dans l'étude de « Me Anthoine de Masso lieutenant en
la conservation des privileges royaulx des Foyres de
Lyon » et en présence de « honnorables hommes Pons
Murard espicier et Pierre Chevalier marchand demeurans au dit Lyon. »

Antoine de Masso dont il s'agit ici n'est pas le même
que Antoine Masso, notaire royal à l'Arbresle, dont la
fille Claudine épousa le peintre François Stella, que
nous avons citée dans un article spécial sur cette famille
d'artistes. On peut trouver les renseignements les plus
complets sur les de Masso dans la récente publication
de notre infatigable et érudit collègue M. de Valous
sur l'*Inventaire d'un abbé de Valbenoite.*

Etienne II ne put jouir sans désagréments de son
acquisition ; il eut à se défendre contre une série de
difficultés que lui éleva une demoiselle Sibille de la Roze,
héritière du vendeur Henry Gliatoud, à propos de quatre
pièces dont on lui contestait la propriété. Toutefois, il
finit par s'arranger par un contrat de 1579, ratifié le
11 mars 1580 par Mademoiselle de la Roze.

La maison qui nous occupe dépendait de la directe

---

(1) De Varcy, dans la quittance de lods donnée à Etienne de
Martellange par le prévôt de l'abbesse Françoise de Clermont, le
23 décembre 1574.

de l'abbaye de Saint-Pierre ; aussi les reconnaissances, obligées à cette époque et consignées dans les terriers, nous fourniront quelques noms.

On a, au commencement du xvıe et antérieurement à Etienne II Martellange, Jean Gliatod ou Gliatoud, père du vendeur Henry Gliatod. Le 17 août 1674, c'est le R. P. Gilbert Athiaud ; mais, en 1757, c'est une demoiselle Benoîte Daflont. On voit ainsi que les pères jésuites avaient aliéné l'immeuble à eux légué par les trois Martellange avant l'époque de leur expulsion de France, qui eut lieu en 1762.

Des recherches plus complètes en avant ou arrière ne présenteraient aucun intérêt, d'autant plus que la maison du xvıe siècle n'existe plus et a été reconstruite avec un certain luxe.

C'est sous le balcon du premier étage que M. R. de Cazenove a fait placer l'inscription, que nous avons fournie au commencement de cet article, et cela, année par année, après trois siècles révolus depuis l'acquisition par notre artiste.

Etienne II Martellange était mort, ainsi que son épouse, en 1603, puisque leur fils ainé, Etienne III, disposait de l'immeuble de la place Saint-Pierre, dans son testament, au profit de la Compagnie de Jésus, testament que nous donnerons comme complément indispensable de la notice que nous avons fournie sur cet artiste :

Suit le testament d'Estienne Martelange. — A tous soyt notoire que le vingt septieme jour du moys de may mil six cent et troys frère Estienne Martellanges de la ville de Lyon religieux de la compagnie de Jésus non encore profès ayt faict son dernier testament nuncupatif et ordonnances de dernière disposition noncupative receu et signé par le

notaire ducal soubs^né par lequel testament Iceluy frère
Estienne Martellange de lauthorité du seigneur père recteur du collége de lad^te Compagnie en ceste ville de Chambéry a faict créé ordonné et institué son heritier universel
A scavoir la maison du Novitiat de lad^te Comp^nie de
Jésus estably en la ville d'Avignon en tous ses biens qui
consistent en la troisiesme partie les troys faisant le tout
d'une maison quil possede par égale portion avec les Pères
Benoist et Olivier Martellange ses frères religieux aussy
de la mesme Comp^nie Laquelle maison est scituée dans
la ville de Lyon en la place de sainct Pierre les nonnains
jouxte et dans les confins portés par le testament de feu
Mre Estienne Martellange son père en son vivant peintre
bourgeoys dudict Lyon Et laquelle maison il donne audit
novitiat de la Compagnie pour estro en Iceluy faictes
prieres pour les ames de ses feus père et mère et c'est a la
discrétion des siens superieurs d'iceluy, et avec charge que
led^t novitiat payera pour une foys à M. Jacques Martellange son oncle peintre et verrier habitant à Valence en
Daulphiné la somme de cent francs Led^t terme et payement de laquelle somme il remet du tout a la discrétion des
supérieurs de lad^te Comp^nie Car telle est sa volunté
cecy est son dernier testament. Cassant revocuant et an-
nullant tous autres testament codiciles et donnations qu'il
pourroit avoir cy devant faicts ou faictes et autremont,
comme par led^ct acte de testament duquel la pnte clau-
sule a este extraicte. Faict et prononcé à Chambéry dans la
maison du collége des Jósuites de ladicte ville Presents
frère Jacques Barthélemy d'Annemeret religieux audict
collége de Chambéry, honnorable Antoine Pomel, Jehan
Cochet, massons, Claude Eschoffon cordonnier habitant a
Chambéry, honne Antoine Jacquier de Meyrez habitant à
la Rivieriaz près Chambéry, honneste Aymé Saddod charpentier, honnorable Nicollas Rampalle de sainct Remy en
Provence et Odde fils dudict Aymé Saddod habitant à

Chambéry, tesmoings à ce requis Et moy César Jacquemard notaire ducal à Chambéry soubs^{né} Recevant expédie
le présent au proffit dudict Me Jacques Martellange, signé
Jacquemard.

Nous compléterons cette notice en expliquant que
Benoît Martellange, le deuxième fils d'Etienne II, fit le
10 mars 1607, en entrant dans la Compagnie de Jésus
une donation de toute sa fortune. Elle fut signée à Lyon
au collége de la Trinité en présence du R. P. Barthélemy
Jacquinot, recteur du collége, qui avait pouvoir pour accepter du provincial Louis Richeome. Ces deux noms ont
été déjà bien souvent cités dans notre précédent travail.

Benoît donna purement et simplement au Noviciat de
Lyon le tiers qui lui revenait de la maison paternelle de
l'Oiseau du Paradis, sans autre condition qu'il serait
employé à l'augmentation et à l'entretien du Noviciat.

Olivier Martellange ne tarda pas à prendre une réso-
lution analogue et fit, le 12 mai 1608, à Tournon, une
donation de ses biens.

Il spécifie que lui, prêtre de la Société de Jésus, et âgé
de trente ans environ, en présence du P. Jean-François
Suarès, recteur du collége de Tournon, il fait donation
pure et simple au Noviciat de Lyon du tiers qui lui revient de la maison paternelle. Il réserve seulement une
somme de cent livres tournois qu'il lègue à Jacques
Martellange son oncle paternel, qui avait continué à
habiter Valence, plus une somme de soixante livres tournois payable en cinq annuités au collége de Tournon, soit
douze livres par an « pour achapt de chappelets, images,
doctrines et pieuses confessions, pratiques spirituelles,
faire faire *Agnus Dei* et aultres choses semblables pour
distribuer aux missions. »

Le quittance de Jacques Martellange, qualifié « marchant peintre vitrier de Valence », pour les deux cents livres à lui léguées par les PP. Etienne et Olivier est datée de Lyon, 18 novembre 1609. Il y est spécifié que les Pères de la Compagnie lui ont remis cette somme en vingt huit livres quatre sous, réellement et comptant, en sous testons et autres pièces, le reste ayant déjà été payé par eux « à des marchands de cette ville desquels il a achepté des marchandises pour travailler de son dit estat de peintre et vitrier. »

Le P. Bullioud, dans les notes si difficiles à compulser
de son *Lugdunum sacroprophanum*, nous fournit sur
la vie de deux des Martellange, jésuites, quelques détails
qui avaient échappé jusqu'à présent à nos recherches

Benoît, ainsi que nous l'avons raconté dans la notice
de son frère aîné Etienne, se fit remarquer par son zèle
dans l'apostolat; on pourrait attribuer cette ferveur à
un événement de sa vie lequel nous reproduisons tel que
le P. Bullioud le rapporte. Il paraît que lorsqu'il pour-
suivait ses études au Puy-en-Velay, saisi un jour des
ardeurs de la fièvre, il descendit dans une citerne ou
dans un puits pour apaiser sa soif. Y étant tombé **au**
moment où il remontait, il aurait été retiré vers le milieu de la nuit par l'intervention de la sainte Vierge qui
lui apparut sous la forme d'une femme vêtue d'habits
blancs. Ce fait fut raconté par Benoît lui-même au
P. Bullioud, qui avait pu le connaître (1), et, de plus,
affirmé encore à celui-ci par le P. François Fillon,
jésuite, confesseur de Benoît Martellange.

Le même historien nous confirme la grande piété, le
zèle pour la conversion des âmes et la sûreté de la doc-
trine de ce religieux.

Il enseigna pendant trente ans, du haut de la chaire,
les principes qui pouvaient ramener les consciences, si

____

(1) *Pierre Bullioud*, né à Lyon le 27 janvier 1558, est mort en
1661.

5

agitées par la Réforme, dans les véritables lois de l'Eglise catholique et mourut entouré d'une réputation de sainteté.

Nous nous trouvons ici dans un singulier embarras : nous avons dit et répété sur la foi d'un renseignement qui nous fut fourni par le P. de Guilhermy que Benoît était mort à Avignon en 1619. Ayant, comme on l'a vu, fait profession en 1607, il n'aurait pu remplir ainsi les fonctions du sacerdoce pendant trente ans, et, de plus, il n'existerait pas de concordance sur le lieu de sa mort, le P. Bullioud expliquant qu'elle serait arrivée à Lyon.

Espérons, encore une fois, que des recherches ultérieures nous fixeront sur la cause de ces différences.

Olivier Martellange, le dernier né, ne se montra pas moins ardent que son frère dans le ministère des âmes, et, comme un soldat sur le champ de bataille, mourut de la peste à Vienne en Dauphiné, pendant qu'il prodiguait des consolations spirituelles aux malades.

N'est-ce point stricte justice que de rappeler à nos concitoyens qu'ils marquent trop souvent de la tiédeur à l'égard de ceux qui ont illustré leur pays natal?

Si nous voyons certains voisins chercher partout des compatriotes parmi les hommes célèbres pour les rattacher par des liens bien fragiles à leur sol ou à leur histoire, lors même que ces illustrations se sont fort peu souciées, pendant leur vie, de cette prétendue patrie, on ne pourra pas faire le même reproche aux Lyonnais : l'immense majorité serait fort embarrassée de citer, à première demande, plus de trois ou quatre noms : Jacquard, Martin, d'abord ; Lemot, de l'Orme, peut-être ensuite !

D'un autre côté, la Biographie lyonnaise de MM. Pericaud et Breghot du Lut est certainement allée trop loin, tout en entendant cataloguer tous ceux *dignes de mémoire*, ce qui élargit le cercle.

Si jamais on s'avise de refaire ce travail, on aura quelques noms à rayer et surtout à mieux indiquer des familles comme celles que nous venons de signaler.

Sans entrer dans une admiration exagérée pour nos personnages, ni accepter comme vérité absolue le fait miraculeux cité par le P. Bullioud, au sujet de Benoît, il nous semble qu'on peut à présent ranger avec honneur dans notre histoire locale ces artistes et ces religieux, modestes et dévoués pionniers de deux sacerdoces.

Nous aimons sinon à voir les fils succéder aux pères dans le même état, mais du moins continuer l'exercice du dévouement, du talent et de la vertu.

Etienne II Martellange dut voir avec un certain chagrin ses trois fils, uniques rejetons de son sang, rester tous dans le célibat et arrêter ainsi la perpétuité de sa famille. Il y a eu pourtant une compensation : l'aîné est devenu célèbre dans les arts ; le second put se faire distinguer dans le saint ministère, et le dernier mourut dans un acte de dévouement.

C'est donc avec raison que M. R. de Cazenove a consacré ce nom par une touchante inscription sur la maison où vécurent ces hommes ; il nous a donné un exemple qu'on devrait suivre en appliquant mieux les noms aux rues qui consacrent nos célébrités lyonnaises, sinon en rappelant par une tablette de marbre les grands traits de leur histoire.

Quelle pensée a pu faire placer le nom de Philibert de l'Orme sur la rue qui se trouve entre les rues Magneval et des Fantasques ? Notre architecte a dû naître dans le quartier des Carmes où habitait son père, architecte aussi ; il mérite mieux qu'une rue qui ne comprend que deux maisons, celui qui est la gloire la plus incontestée de l'art français. Ampère est relégué au bout de la presqu'île Perrache, dans une rue transversale où il ne passe personne ; les Audran (1), les Coustou, les Coysevox illustrent des voies comprenant trois à cinq maisons ! Bien des noms attendent encore cette consécration peu dispendieuse ; quelques-uns sont encore mal orthographiés. On nous promet, il est vrai, dans la banlieue la plus éloignée, des rues : Perréal, Martel-Ange (sic), Decrenice, Bonnefond, Bredin, etc. ; mais aussi nous aurons les rues Gaillarde, Bataclan, du Capitaine, de la Félicité, de l'Eternité, etc..

Il est juste temps qu'on mette quelque ordre aux commandes des bustes de la fondation Grognard.

Saint-Jean le fils vient de mourir avant d'avoir vu rendre cet hommage à son père. L'on a acquis le buste en bronze de Bonnet, c'est bien ; mais il faut vite faire reproduire celui de Dardel (2), sans quoi on semblera oublier l'architecte qui a inspiré et dirigé le sculpteur. L'un sans l'autre, cela ne signifie rien.

François Grognard désirait que les portraits ou bustes des artistes ou savants décédés qui ont illustré leur patrie par leurs talents et leurs ouvrages, fussent placés *« dans la salle du musée et dans les salles de l'école des beaux-arts, pour exciter dans les élèves le désir de les égaler dans leurs ouvrages et même de les surpasser s'ils peuvent y parvenir. »* Comment ce vœu formellement libellé a-t-il été compris ? Ce n'est point en entassant ces portraits dans une même salle, visitée par circonstance, que l'on peut remplir le but élevé que se proposait Grognard, qui désirait, sans doute, que les yeux de ses concitoyens et ceux des jeunes élèves fussent

----

(1) Les Audran habitaient la rue Thomassin.
(2) Ce buste existe et a été fait par G. Bonnet.

frappés involontairement en parcourant nos musées ou même à l'heure de leurs études spéciales.

C'est pourquoi les noms de Saint-Jean et de Dardel s'imposent après Berjon et Revoil. D'autres, tels que ceux de Perache (Antoine-Michel), Morand, Bonnet le chirurgien, Grobon, Petit (Marc-Antoine), devront avoir leur tour.

Puis, pour mieux répondre aux intentions de Grognard, pourquoi ne pas répartir ces portraits ou bustes dans toutes les salles du palais des beaux-arts, mettant ainsi les images des peintres ou des statuaires près de leurs œuvres ou de celles des artistes qui ont excellé dans la même spécialité ?

Les Etats-Unis d'Amérique se distinguent, dit-on, par une ingratitude caractérisée pour les gloires de leur pays. Nous comprenons que dans une démocratie absolue, la jalousie, née de l'orgueil de soi-même et de celui de l'égalité, ne puisse admettre une supériorité quelconque. Les masses populaires, en même temps qu'elles s'éprennent à un moment donné de certains personnages qu'elles entourent d'un culte irréfléchi, les couvrent d'oubli lorsqu'ils sont morts et que cette immense popularité ne répond plus à un certain mouvement politique.

L'histoire doit avoir une justice mieux réfléchie. Il est inutile d'exalter des individualités surfaites ; il est sage de rappeler les hommes qui ont modestement fait plus que leur devoir.

IV

LES AUDRAN

Aucune famille d'artistes Lyonnais n'a été plus célèbre que celle dont nous allons nous occuper, non pour refaire les notices qui ont paru sur quelques-uns de ses membres, mais pour préciser surtout leur généalogie qui seule laisse quelque chose à désirer,

Les recherches dans les registres de Paris sont malheureusement devenues impossibles, puisque ces documents précieux n'existent plus. Des travailleurs prudents et érudits, Jal et Herluison, nous ont laissé les fruits de laborieuses recherches qui peuvent nous consoler, tout en laissant quelques lacunes que nous essaierons de combler avec les registres de Lyon qui existent encore heureusement.

On émettra ici un vœu, souvent formulé par nos inspecteurs généraux des archives; qu'on se hâte à faire dresser l'inventaire et surtout le répertoire des registres d'avant 1789. Des répertoires faits *en double*, en outre qu'ils faciliteraient des recherches souvent pénibles, sinon impossibles, consoleraient à un moment donné de la perte des originaux surtout si ces répertoires étaient conservés dans un édifice moins dangereux, pour les vieux papiers, que notre cher Hôtel-de-Ville.

L'auteur de cette notice ne se lassera jamais d'émettre des vœux dans l'intérêt de notre histoire et de nos beaux-arts et de poursuivre leur réalisation dans la faible mesure de son influence. Il en a vu déjà quelques-uns arri-

vés à solution convenable ; le plus grand nombre a-t-il
jamais dépassé la limite de ses livres ? Les personnages
qui pourraient en assurer l'exécution les ont-ils même
connus ? Il n'ose l'assurer. Toutefois il ne se découragera
jamais.

L'histoire des arts et de nos monuments, ainsi que
celle des artistes, lui sont si chères qu'il recueille péniblement, chaque jour, des documents nombreux qui si-
gnalent des faits intéressants et inédits.

On ne saura donc lui empêcher de mettre quelquefois
en lumière des vérités désagréables, car il considère
comme un devoir de ne plus les conserver. Il est arrivé à
moment où les sujets se pressent en foule et où il n'a
plus devant lui que l'embarras du choix ou la difficulté
budgétaire des moyens de publication. On estimera plus
tard s'il n'a pas apporté quelques assises utiles à ses
successeurs lorsqu'ils voudront retracer ou étudier l'histoire générale des arts dans notre ville.

Un croquis généalogique conservé à la bibliothèque
nationale (département des manuscrits) a fait connaitre
qu'un ADAM AUDRAN était, à Paris, maitre paumier au
XVIme siècle et qu'il eut un fils nommé LOUIS.

Les biographes disent que ce dernier était pourvu d'une
des petites charges de la maison du roi et fut un des lou-
vetiers de Henri IV (1).

Louis eut deux fils, CHARLES et CLAUDE, tous deux
graveurs, dont nous allons nous occuper.

CHARLES ou KARL, graveur, né à Paris en 1594, y est
mort en 1674.

---

(1) L'article donné par Jal sur les Audran est des plus importants
de son *Dictionnaire critique de biographie et d'histoire* (pages 79 à 82)
Nous signalerons chaque fois, selon notre habitude, lorsque nous nous
appuierons sur un document fourni par cet auteur si consciencieux

Il fut élève de Corn-Blomaert et de Greuter et séjourna
longtemps en Italie. Bon dessinateur, il n'a pourtant
exercé ses talents que dans des ouvrages de peu d'importance, si on en juge par le catalogue qu'en a fourni Le
Blanc, où l'on trouve un grand nombre de petites pièces
et des frontispices exécutés pour les libraires de Lyon.
Nous avons signalé deux plans dans notre biographie
d'Etienne Martellange, gravés par lui en 1619, pour l'hos-
pice de la charité et un frontispice pour un livret du grand
Hôtel-Dieu (n° 266 de Le Blanc). Il grava en quatre planches une composition importante de Le Brun, représentant *les quatre Saisons* destinée au plafond d'un dôme du
grand salon du château de Vaux, pour Fouquet. La dis-
grâce du célèbre contrôleur ayant empêché l'exécution,
Karl a dû graver d'après les cartons ou une esquisse de
maître. Il existe deux états de ces gravures avec ou sans
la dédicace de Le Brun à Louis XIV (1).

La bibliothèque de notre palais des beaux-arts ne conserve (2) que *trois* estampes de Karl, deux qui sont des
frontispices, signées: C. Audran et une signée K. Audran·
Le Blanc dit à l'égard de cette signature que : « Jusqu'à
ce que son frère Claude mit quelques estampes au jour,
Charles avait marqué les siennes d'un C ; mais depuis,
pour les distinguer de celles de son frère qui employait
la même marque, il se servit d'un K, ce qui l'a fait sur-
nommer Karl au lieu de Charles. »

M. Pariset a signalé divers frontispices pour libraires
qui font partie d'un recueil conservé au Musée industriel

____

dont l'ouvrage, malheureusement peu répandu, est si précieux pour
l'histoire de l'art.

(1) *Documents sur les artistes qui ont travaillé au château de Vaux-
le-Vicomte, etc.*, par Eugène Grésy (*Archives de l'art français*. Tome
VI, page 10) Ce sont les n°° 227 à 330 du catalogue de Le Blanc.

(2) *Catalogue raisonné, etc.*, par F. Rolle, pages 21 et 319.

du Palais du Commerce de Lyon, de 1622 à 1623 (n° 197 de Le Blanc) pour Landry, 1623 et 1626 (n° 185 de Le Blanc) pour Cardon et Clavelat, de 1624 pour Louis Prost de 1629 pour Cardon, de 1636 pour Jacques Prost et de 1641 pour Annisson et les héritiers Boissat (1).

L'œuvre de ce graveur ne comprend pas moins de 349 numéros, dans le *Manuel de l'amateur d'estampes* de Le Blanc.

Consultez pour Karl Audran, Heineken, 1535. — Hubert et Rost, VII, p. 90. Joubert, I, 177. — Le Blanc, p. 79 à 88. De Chennevières-Pointel, *les Peintres provinciaux*, I, p. 230-231. Jal, article Audran, Duplessis, Pariset, *Les Beaux-arts à Lyon*, pages 194-195, etc., etc.

CLAUDE 1, graveur, né à Paris en 1592 selon Mariette, en 1597 selon d'autres, est mort à Lyon en 1677, ou en 1679 (2) ; il épousa Hélie Fratelat et en eut quatre enfants : GERMAIN, CLAUDE, GIRARD et ANTOINETTE.

Selon Le Blanc, la gravure de Claude Ier, quoique large et grossière, ne manque pas d'habileté et rappelle certaines estampes de Corn, Cort, d'Agost, Carracci et de Franc Villamena. Le même auteur ne cite que 21 pièces pour son œuvre.

Charles et Claude Ier avaient-ils un frère du nom de Gérard ?

---

(1) Numéros 42, 44, 49, 47, 50, 55, 64 et 68 du recueil. (*Les Beaux Arts à Lyon*).

(2) Nous avons vainement parcouru les registres d'enterrement de 1677 à 1679 de la paroisse de St-Nizier de Lyon où habitait Claude 1, sans y trouver mention de sa mort; ces registres furent malheureusement tenus par divers vicaires, de telle façon qu'il faut rechercher la même année dans plusieurs registres. De plus il n'y a pas de répertoire et l'on n'est plus certain d'avoir tous les registres ; nous ne pouvons en conséquence rien affirmer de positif sur ces dates qui restent indécises.

« Le jeudy 8ᵉ jour de février 1681, fut inhumé Gérard
Audran, graveur ordinaire du Roy, décédé le jour d'hyer
rue Saint-Jacques... témoins : Jean Audran, B. Audran,
Boissemore (Registre de St-Séverin d'après Herluison). »

Il est fort possible que des œuvres de cet artiste soient
mélangées avec celles de son célèbre homonyme. C'est ce
qui a conduit M. Jal, d'ordinaire si méticuleux dans ses
déductions, à dire qu'on avait fait mourir, par erreur,
Gérard Audran le 25 juillet 1703. Seulement il rapporte
l'acte en transcrivant 1691 au lieu de 1681 ; on sait qu'il
est impossible de constater, puisque les registres n'existent plus.

Ce qui rend inexplicable la distraction de Jal, c'est que
dans le même article, il cite des actes de Gérard Audran
des 29 avril 1688, octobre 1690, 1695, 1696 et 1698.

Quoi qu'il en soit, il est certain qu'il a existé deux Gérard Audran, graveurs l'un et l'autre. Peut-être faut-il
attribuer à celui qui est resté inconnu jusqu'à ce jour, certaines estampes exécutées, selon M. Duplessis, le juge le
plus compétent sur cette question, soit avec un travail
trop uniforme, soit avec sécheresse et dureté. Ne sachant
comment expliquer ces imperfections, l'honorable conservateur des estampes est conduit à admettre une première manière de graver chez Gérard ou à le justifier
imparfaitement de ne pas avoir, dans les quatorze pièces
des génies des angles de la galerie que Raphaël peignit à
la Farnésine, interprété les maîtres avec assez de légè-
reté et d'être resté bien au-dessous du modèle. Il y a là
pour les habiles connaisseurs matière à des recherches
et à des études des plus intéressantes.

GERMAIN, graveur, né à Lyon le 7 décembre (1) 1631.

---

(1) 6 décembre selon le *Catalogue des Lyonnais dignes de mémoire*,
Le Blanc et la *Notice sur G. Audran* par Duplessis.

« Le dit jour, j'ay baptisé Germain, fils de Claude Audrant maître graveur à Lion, et de Hélie Fratelard, sa femme, son parrain sieur Germain Pantho, (1) maître peintre au dit Lion, sa maraine dame Jaqueme Collet (Registre de St-Nizier, page 320). »

Germain est mort à Lyon le 4 mai 1710.

« Le dit jour j'ay ent. en grande procession sieur Germain Audran, maître graveur, âgé de 83 ans prns Noel Chevrier maître embal[r] et Philippe Ogier affan[r]. Reçu 60 fr. (Registre de la paroisse de St-Nizier de Lyon). »

La qualité des témoins de cet enterrement, dont la dépense est élevée pour l'époque, indique que Germain était resté seul de sa famille à Lyon ; ses fils travaillaient tous à Paris.

Il épousa Jeanne Cizeron dont il eut cinq fils : CLAUDE, GABRIEL, BENOIT, JEAN et LOUIS que nous trouverons plus loin.

Selon Passeron, cet artiste fut nommé professeur-adjoint à l'Ecole de dessin et de peinture fondée à Lyon par les soins de Thomas Blanchet et fut le maître de Pierre Drevet (notice sur G. Audran. *Archives du Rhône.* II p. 382).

Nous n'avons pas pour le moment le moyen de vérifier où Passeron a puisé ces renseignements afin de les contrôler.

Germain figure pour 171 numéros dans le catalogue de son œuvre par Le Blanc. On y remarque 27 portraits, des ornements et des fontispices.

---

(1) Germain Panthot, peintre ordinaire de la ville de Lyon le 10 novembre 1636 après Horace Le Blanc (Voir les *Beaux-arts à Lyon* par Pariset, pages 175-176 et de Chennevières-Pointel, I. page 278, citant Florent Lecoute.)

CLAUDE II, peintre, est né à Lyon en mars 1639 (1) :

« Le 27, j'ay baptisé Claude, fils de Claude Audran, graveur, et Hélie Fratelat sa femme, parrain sieur Claude Savary, marraine dame Marie Faure (Registres de St-Nizier, folio 835). »

Il est mort à Paris le 2 janvier 1684 (2) (Registre de St-Roch). Il fut élève à Lyon, de deux Perrier, un frère et l'autre neveu de François, puis d'Antoine Wairix, Virys ou Virix qui a peint la voûte de l'église du collége de la Trinité à Lyon (3). Il vint à Paris en 1658 selon l'avis de Jal, et travailla sous Coypel puis sous Charles Errard.

Reçu académicien le 27 mai 1675 sur un tableau de *la Cène* ; adjoint à professer le 3 juillet 1676, il fut nommé professeur le 29 novembre 1681. Remarquez ici que la liste de l'Académie dit : « Audran (Claude) *neveu* », après avoir nommé Gérard Audran « *l'oncle.* »

Par quelle bizarrerie du sort se fait-il que Claude Audran n'ait pas de tableau au musée du Louvre lorsqu'il y en a un de François Verdier qui le remplaça comme professeur à l'Académie le 8 janvier 1684 (4) ? Cependant

---

(1) 1644 selon la biographie Didot.

(2) 4 janvier selon Le Blanc et la *Notice de G. Audran* par Duplessis il y a cependant dans l'acte qui est du 4, *décédé avant-hier.* Nous le donnons plus loin article *Claude III.*

(3) Nous avons donné une description de ces peintures dans notre biographie d'Etienne Martellange Mariette dit que son père cataloguant les sujets de l'histoire de sainte Delphine, d'après Ant. Viri, les croyait de Germain Audran ; il lui semblait même l'avoir entendu dire à Gérard. Dans Le Blanc ces estampes sont les nᵒˢ 3—5 de l'œuvre de Germain. (*Archives de l'art français Abcedario* T. I, p. 38.)

(4) Ce peintre, qu'il ne faut pas confondre avec Henri Verdier peintre ordinaire de la ville de Lyon, le 2 février 1693 (mort le 15 janvier 1749), né vers 1650 est mort le 16 juin 1730. On sait qu'il fut

on a de lui, dans les magasins probablement, le 16e
mai de Notre-Dame (1684), *Décollation de Saint-Jean-
Baptiste dans la prison* et *Vulcain présentant à Vénus
les armes qu'il a forgées pour Enéc.* Mis en relations
avec Lebrun, il travailla avec lui à la chapelle du château de Sceaux, au château de St-Germain-en-Laye et
dans l'escalier de Versailles.

Il fut chargé, avec Houasse et Jouvenet, de diverses
peintures au château des Tuileries et, encore à Versailles, pour son propre compte ; il fit des figures allégoriques
dans la grande salle du palais à Paris ; diverses peintures
pour M. de Malleville au faubourg St-Germain, pour De-
sailliers, célèbre libraire, *à la Couronne*, rue St-Jacques,
au palais de Saverne pour l'évêque de Strasbourg, Mgr
de Furtemberg.

Citons parmi ses tableaux, d'après Guillet-St-Georges,
Saint Caiélan, pour l'église des Théatins de Paris, *Didon*
pour un particulier, *La Peinture* pour Perrault, contro-
leur des bâtiments du roi, *Saint Louis*, *Saint Denis*,
Saint Rustique et *Saint Eleuthère*, puis *le Miracle des
cinq pains* (1) pour l'église des Chartreux de Paris, *La
gloire des Bienheureux* et le *Sauveur en prière au jar-
din des Olives*, pour M. Dumoulin, un tableau votif pour
M. Breget, intendant du prince de Furstemberg, destiné
à N.-D. de Liesse, près Laon, *Saint Bruno, l'Apparition
de la Sainte Vierge et de Saint Pierre aux Chartreux,
Saint Bruno conseillant à ses amis de se retirer dans le désert.* Ce dernier tableau resta imparfait, la maladie ayant

---

beaucoup employé, de même que Claude Audran, par Lebrun dans
l'exécution de ses importants travaux de peinture.

(1) Voyez l'*Inventaire des tableaux qui restaient encore aux châteaux
de Paris en 1790*. Le tableau fut transporté aux Blancs-Manteaux,
(*Archives de l'art français*, Tome IV, page 220).

emporté ce peintre, des plus laborieux, qui fut, en même temps, pieux et charitable d'une manière toute particulière. Guillet St-Georges raconte qu'on a su, vers les dernières années de sa vie, qu'il ne fit aucun tableau dont il n'ait donné aux pauvres la moitié du salaire qu'il en avait retiré.

Th. Lejeune dans son *Guide de l'amateur de tableaux* (I, page 184) admet que Claude Audran était celui des élèves de Lebrun qui possédait le plus de capacité ; aussi fut-il employé à peindre les batailles d'Alexandre.

Les Imitations de Lebrun par cet artiste sont plus léchées et moins énergiques dans le dessin. La couleur surprendrait la bonne foi des amateurs, si des demiteintes grises ne corrigeaient en quelque sorte les demiteintes briquetées du maître.

Son neveu Jean a gravé ses compositions, comme on peut le voir par quelques pièces conservées à la bibliothéque du palais des arts de Lyon (1).

Il épousa Anne, ou Jeanne, Cheron (Jal) ; il se trouvait à Lyon en 1658, époque où il fut parrain de son neveu, Claude III, comme on le verra plus loin.

Consultez sur cet artiste : d'Argenville, T. IV, p. 136-137 ; mais surtout *Mémoires inédits des académiciens par Guillet St Georges*, II, pages 11-32 ; *Abecedario*, de Mariette ; Jal ; *Les Beaux-Arts à Lyon*, par Pariset, p. 187 ; Herluison ; Bellier de la Chavignerie.

Girard, (2) graveur, est né à Lyon le 2 août 1640.

« Le dit jour j'ay baptisé Girard, fils de Claude Odran maître graveur, et de Hélie Fratelat, sa femme, parrain

---

(1) *Catalogue des Estampes* etc., par F. Rolle, page 150.

(2) On remarquera que notre célèbre graveur doit se nommer Girard et non Gérard ; il n'y a aucun doute possible à l'examen de l'acte de baptême ; son parrain se nomme bien Girard.

sieur Girard Cibier (1) mestre sculpteur et la marraine dame Françoise Cloguernain ; signé Aubert (Registres de Saint-Nizier, folio 33). »

Il est mort à Paris. « Le 26 juillet 1703, M. Gerard Audran, graveur ordinaire du Roy et conseiller en son académie de peinture et de sculpture, agé d'environ 63 ans, décédé aujourd'hui à l'image de St-Prosper, rue St-Jacques de cette paroisse, a été inhumé en la nef de cette église, en présence de M. Simon Caquet, bourgeois de Paris, son gendre, de MM. Claude, Benoît, Gabriel, Jean et Louis Audran, ses neveux, et ont signez, etc. (Saint-Benoît). »

On pense bien sans doute que nous n'allons pas refaire une notice sur Girard Audran après celle que M. Duplessis a donnée en 1858 (L. Perrin, imprimeur). Nous aimons les ouvrages de cet auteur parce qu'il est toujours exact et sobre dans ses jugements. « Un biographe, dit-il, se laisse trop souvent aller à devenir apologiste ; trop souvent l'homme qu'il choisit comme but de ses recherches lui plait tellement qu'il finit par le louer outre mesure... » Un grand maitre a ses jours de fatigue et ses jours de génie ; quelle que soit sa force, il n'est jamais absolument égal, et lorsqu'on veut l'étudier tout entier, il faut juger ses œuvres faibles, comme ses œuvres sublimes ; c'est le seul vrai moyen de l'apprécier à sa juste valeur ; nous avons admiré Gérard Audran, mais nous avons fait nos réserves. »

_____

(1) *Girard Sibrecq* Wallon ? Un sculpteur de ce nom a exécuté di vers ouvrages à Lyon ; *un saint François,* rue Longue ; *saint Etienne* maison Lalive ; *Louis XIII.* coin de la rue de la Palme, 1643 ; *Vierge foulant un serpent,* maison de la Rochette, entrée du pont de pierre de Saône vers Saint-Nizier ; *saint François,* 1636, au coin d'une maison port-Dauphin (*Tableaux et statues de Lyon).* Il y avait un Georges Sibrayque sculpteur des bâtiments du roi, qui travailla à Trianon en 1692. (*Nouvelles archives de l'Art français,* 1876, pages 51 et 52.)

En conséquence, nous présenterons à grands traits les faits principaux du travail de M. Duplessis.

Girard, habitué dès l'enfance à voir des artistes autour de lui, dut avoir de bonne heure le goût des arts et se vit encourager par son père « graveur malhabile et inexpérimenté »; malheureusement, son oncle Charles n'était pas là (1). Peu d'estampes sont signalées avant le départ du jeune homme pour l'Italie où il dut se rendre vers 1666 peut-être même tout ou partie de celles indiquées, ajoutons-nous, sont dues à l'autre Gérard. Arrivé dans le pays des beaux-arts, il entre à l'atelier de Carle Maratte, visite les musées et se pénètre surtout de l'art du dessin et de l'étude des maîtres de l'antiquité.

Les ouvrages exécutés pendant son séjour de six ans, sont fort nombreux ; nous ne pouvons les détailler ici, non plus que les autres, puisqu'on a des catalogues de l'œuvre du célèbre graveur.

Il revient en France, se lie avec Charles Le Brun, qui, voyant en lui un artiste qui peut faire honneur à l'art français, prie Colbert de l'attacher au service du roi. Girard, qui avait dû s'arrêter à Lyon, est appelé à Paris, nommé graveur ordinaire du roi, logé aux Gobelins et on lui commande de reproduire *les batailles d'Alexandre*. Si Charles Lebrun avait bien travaillé pour le jeune graveur, il a eu aussi une merveilleuse chance : Girard, protégé par lui, fit ces quatre pages célèbres de 1672 à 1678.

Le 31 mars 1674, l'académie de peinture et de sculpture l'appela dans son sein et le nomma conseiller ; une des batailles d'Alexandre, celle d'Arbelles, probablement, terminée cette année, lui servit de morceau de réception.

----

(1) Karle Audran gravait à Lyon de 1622 à 1641 : Girard n'était pas en âge de recevoir ses leçons.

A dater de cette époque, on lui confia la plupart des travaux importants de gravure officielle et c'est grâce à cette
haute et intelligente protection que la France possède
encore un grand nombre de planches de Girard Audran ;
ces planches furent gravées même avec tant de vigueur et
de verve que la chalcographie du Musée du Louvre
peut aujourd'hui encore vendre à des prix très-bas des
épreuves nettes des plus belles estampes de ce maître
et les placer ainsi à la portée de tous les artistes.

On a vu qu'il avait été logé aux Gobelins dès son re-
tour d'Italie ; mais son caractère, ami avant tout de sa
liberté, ne put supporter une gêne ; Girard quitta ce logement gratuit après trois ans d'habitation et alla prendre boutique rue Saint-Jacques, *Aux deux piliers d'or*.
C'est là qu'il mit en vente non seulement ses propres estampes, mais aussi celles de Jean Pesne, d'après Nicolas
Poussin. N'est-ce pas curieux et intéressant à la fois,
comme le dit si bien M. Duplessis, de voir ces deux grands
artistes se prêter un mutuel concours ? Girard Audran
distribue les planches de son ami et digne émule ; Jean
Pesne confie à un rival ses estampes pour en tirer profit.

Girard Audran publia, en 1683, un traité : *Les pro-
portions du corps humain, mesurées sur les plus belles
figures de l'antiquité*. Son but était de faciliter ainsi aux
jeunes élèves la nécessité de bonnes études de dessin ,
aussi il dit lui-même, qu'il s'est appuyé surtout sur l'antique. « L'antique me présente des ouvrages admirables,
j'en fais mon étude particulière ; je lui dois le peu que je
sçay ; je prend soin d'en ramasser les mesures pour en
mieux examiner les beautés et je vous les offre... »

Girard Audran eut un grand nombre d'élèves et tous
se distinguèrent des autres graveurs par une science pro-
fonde du dessin. On dit bien que sitôt que les graveurs
sacrifient le dessin au procédé matériel de leur art, ils dé-

génèrent immédiatement. A cela il faut ajouter qu'il ne peut y avoir de véritables artistes sans dessin, en gravure surtout. Si votre main n'est habile qu'à reproduire d'ensemble un effet de clair obscur et de perspective aérienne, cela ne suffit point ; il faut aussi savoir mettre chaque chose, chaque contour à sa place et pour cela il faut avoir une main habile à dessiner. On oublie quelquefois cela de nos jours et on prend l'aspect d'un objet saisissant à première vue, comme l'expression véritable de l'art. En étudiant mieux et en se rapprochant, il n'y a plus rien... Girard Audran n'aurait pu reproduire de semblables œuvres !

L'œuvre de Girard Audran comprend 312 numéros dans le catalogue fourni par Le Blanc dans le *Manuel de l'amateur d'estampes* et il y en a 35 dans la collection de la bibliothèque du Palais des beaux-arts (1) !

Girard épousa la sœur d'un de ses amis, camarade à l'atelier de Charles Le Brun, Louis Licherie peintre d'histoire (2), Hélène Licherie née vers 1637. En 1686 elle fut marraine d'une fille du graveur Jacques Lubin ; en 1688 (13 juillet), elle le fut aussi d'Hélène Licherie, fille de son frère Louis et de Catherine Erard et le 3 août 1695 de Marie-Hélène, fille de Jean, son neveu ; elle assista le

---

(1) *Catalogue des estampes*, etc., par Rolle : 6 d'après Poussin, 4 d'après P. Mignard, 1 d'après Le Sueur, les batailles d'Alexandre et l'escalier de Versailles d'après Le Brun, que nous comptons pour 17, 1 d'après A. Viri et 6 d'après inconnus.

(2) Né à Houdan, en 1642, il est mort à Paris le 3 décembre 1687 Il se qualifiait de Beuvon ou de Beuvron et fut peintre ordinaire du roi et adjoint-professeur (Jal). Il existe une notice sur cet artiste par Guillet Saint-Georges dans les *Mémoires inédit des académiciens*, Tom. II, page 61 et dans le bulletin de 1860 de la *Société des beaux-arts de Caen*. — Une estampe par N. Bazin, d'après L. Licherie, figure dans la collection du palais des Beaux-Arts de Lyon.

26 avril 1695 au mariage de Claude Duflos, graveur (1) avec Catherine Antoine, et mourut à Paris âgée de 81 ans, le 4 décembre 1718. Elle fut inhumée dans la cave de la chapelle du Saint-Sacrement à l'église de Saint-Severn en présence de Claude III Audran son neveu, peintre et architecte, qui était alors concierge du palais du Luxembourg comme on le verra plus loin.

D'Hélène Licherie, Girard eut quatre enfants que nous citerons ci-après, aucun n'ayant acquis de notoriété ;

1º Marie-Françoise, baptisée le 25 septembre 1678 ; Claude Audran fut son parrain ; elle mourut le 1er juin 1684.

2º Hélène I, baptisée le 16 mars 1680, qui eut pour parrain Louis Licherie, beau-frère de Girard ; elle mourut à peine née.

3º Hélène II, baptisée le 1er décembre 1681. Elle eut encore Louis Licherie pour parrain. — Herluison explique que Marie-Françoise mourut le 1er juin 1688, au lieu de 1684, et ne parle que de la deuxième Hélène qu'il fait naître au 14 décembre 1684, au lieu du 1er. Il trouve une Hélène Audran, épouse de M. Pageau, secrétaire du roi, tenir sur les fonds baptismaux un enfant de Michel Audran, le 14 octobre 1734 et, le 12 mars 1737, une Hélène Audran, épouse de M. Cartelier, ancien officier de marine, remplissant le même office. Est-ce la même ?

4º Girard, baptisé le 16 mars 1683 ; on n'a, jusqu'à présent, rencontré nulle part la trace de ce personnage que son nom eût cependant signalé à l'attention des chercheurs.

Notre collection Coste, à la bibliothèque du Lycée, est

---

(1) Né vers 1662, ayant trente-trois ans vers 1695, il est mort le 18 septembre 1727. Catherine Antoine, son épouse, aux noces de laquelle assista Hélène Licherie, ne lui donna pas moins de treize enfants. Cette fécondité n'était pas rare à cette époque et on verra plus loin Jean Audran avoir onze enfants de la même épouse.

riche de neuf portraits divers de Girard Audran (1) ; son
buste, exécuté en 1817 par Mlle Julie Charpentier et
donné par le Ministre de l'Intérieur, est au Musée de la
Ville.

Consultez sur G. Audran : Les catalogues de ses œuvres
au xviiie siècle ; *Notice sur Gérard Audran* par V. De-
non ; *Considérations sur la taille douce et sur Gérard
Audran*, par M. Gatteaux ; *Manuel de l'amateur d'estampes*, par Charles Le Blanc, I, pages 67-106 ; *Notice
sur la vie et les ouvrages de Gérard Audran, graveur
ordinaire du roi*, par Georges Duplessis, Lyon, L. Perrin, 1868 ; *Passeron (Archives du Rhône*, II, page 390) ;
Manuel d'Huber et Rost, VII, p. 239 et suivantes ; *Jal,
Herluison* ; *Magasin pittoresque*, Tome XXIV, page 3 ;
Les beaux-arts à Lyon, par Pariset, page 188 ; etc.,
etc.

ANTOINETTE est née à Lyon le 1er juillet 1644 :

« Le dict jour, j'ay baptisé Antoinette, fille de Claude
Audran, graveur en taille douce et de Elie Fretlat, sa
femme, parrain sieur Guillaume Peirrier, peintre, marraine
Antoinette Couzan, (Registres de Saint-Nizier, folio 29). »

Antoinette fut marraine, le 28 avril 1667, à Lyon, de son
neveu Jean et figura comme témoin dans l'acte de mariage du même à Paris, le dimanche 10 octobre 1694.

Il paraît qu'elle se retira chez son neveu Claude III
qui avait l'office de concierge au palais du Luxembourg,
comme on le verra plus loin, et y mourut le 5 mai 1733.
Gabriel Audran, peintre et sculpteur, ainsi que Jean
Audran, graveur du roi, ses deux neveux, assistèrent à
son enterrement qui eut lieu à Saint-Sulpice, le 6 mai
(Jal).

------

(1) Numéros 13128 à 13135 du Catalogue Vingtrinier.

Revenons aux fils de Germain :

Claude III, peintre et architecte, est né à Lyon le 25 août 1658 :

« Le dit jour j'ay baptisé Claude, fils de Germain Audran, mtre graveur et de Jeanne Ciseron, sa femme, parrain Claude Audran, mtre graveur, marraine, dame Andrée-François (1). »

Il est mort à Paris le 28 mai (2) 1734.

Par quelle distraction le rédacteur de l'acte de décès a-t-il écrit que Claude III était fils de Claude II et de Jeanne Cheron? Cela nous a fait hésiter d'autant plus que dans l'acte de décès de Claude II on expliquait fort bien que Claude III était son neveu; voici les deux actes :

« Du dit jour, 4 janvier 1684, Claude Haudran, peintre de l'académie du Roy, décédé avant-hier, rue des Orties, en cette paroisse, a esté inhumé en cette église, en présence de Claude Haudran, *son neveu*, aussy peintre, dmt même rue et paroisse ; Gabriel Haudran, sculpteur dmt même rue et paroisse et de Benoist Haudran, aussy son neveu, graveur, dmt rue St-Jacques, parr. St-Benoît..... Cl. Audran, G. Audran, B. Audran, Girardon, (Registres de Saint-Roch). »

« Le 29 may 1734 a été fait le convoi, service et enterrement de Claude Audran, peintre ordinaire du roy, concierge du palais du Luxembourg, *fils de défunt Claude Audran et de Jeanne Ckeron* (Cizeron), mort hier dans le Luxembourg, âgé d'environ 9b ans, et y ont assisté Gabriel Audran, peintre sculpteur des bâtiments du roy ; Jean Audran, graveur ordinaire du roy, tous deux frè-

---

(1) Registres de Saint-Nizier, communiqué par M. Vachez, archiviste de la ville de Lyon.

(2) 27 mai selon la notice sur G. Audran de M. Duplessis : il y a cependant dans l'acte, qui est du 29, *mort hier*

res ; M. Pierre Bigot, avocat, exécuteur du testament, Benoist Audran et Michel Audran, tous deux neveux du dit défunt, qui ont signé (Registres de Saint-Sulpice). »

Jean et Gabriel étaient bien les deux frères de Claude. D'autre part, dans l'acte précédent, Claude III est dit neveu de Claude II ; donc il n'en était pas le fils ; on a vu par l'acte de baptême qu'il en était en même temps le filleul.

N'avons-nous pas en outre expliqué que dans la liste des académiciens Claude III est dit *neveu*, après qu'on a cité Gérard comme étant *l'oncle*. Ils n'étaient donc pas frères ?

Mariette, rattachant Germain, Claude et Girard à Claude I, fait à son tour une erreur en disant que celui-ci fut le *fils* de Carle :

« Claude Audran, le père, *fils* de Carle, né à Paris en 1592, s'établit à Lyon et y mourut en 1679 ; père de Germain, de Claude et de Gérard. » C'est frère qu'il fallait écrire puisqu'il dit, plus loin, que Girard fut le disciple de son *oncle* Karle. Dans ce cas Karle eût été son grand-père.

On voit qu'il faut étendre les recherches biographiques sur l'ensemble des individus d'une famille au lieu de se borner aux plus célèbres, puisqu'on ne peut éviter les erreurs qu'en les citant tous à leur place.

Élève de Lebrun et de Claude Gillot, si nous en croyons les biographes, cet artiste ne fut pas le premier venu et écrivit *sur l'ordre dorique* en 1684.

Mariette dit de lui « qu'il avoit un talent particulier pour les ornements ». Nous en trouvons la preuve dans une série de renseignements que nous fournissent les annotateurs des *Archives de l'art français* lesquels nous donnerons *in extenso* puisque ce Lyonnais peut être considéré comme absolument inconnu parmi nous.

« C'est celui qui a été le maître de Watteau (d'*Argenville, Vie de Watteau, IV.* 404).

« Dans la dernière édition de Brice (1752, IV, 404-5),
celle qui a été soignée par Mariette, on trouve cette note
dans l'article du Luxembourg :

« Claude Audran, concierge de ce palais, est regardé
avec justice comme un des premiers dessinateurs qui
aient jamais paru pour les arabesques et les grotesques.
Ce sont des compositions d'ornements légers et agréable-
ment distribuez, qui étoient en usage chez les anciens et
qui ont été renouvelez par le fameux Raphaël. Ils sont
devenus fort en vogue ; on en orne les lambris et les pla-
fonds des plus petites pièces et ils produisent un effet
charmant, lorsqu'ils sont imaginez avec goût et qu'ils
sont exécuté avec autant de soin que tout ce qui a été
fait en ce genre par Claude Audran. On en peut juger par
plusieurs de ses ouvrages qui sont répandus en différents
endroits, particulièrement dans le château de Meudon
(D'Arg., Environs de Paris 1768, p. 23), dans celui
d'Anet (id. p. 218), dans la ménagerie de Versailles
(c'étaient des arabesques sur fonds d'or avec des fables
de La Fontaine, (id. page 149. Piganiol, IX, p. 530) et
dans le château de la Muette, où il a fait des choses dignes d'admiration, plus belles et plus ingénieuses que
tout ce qui s'était encore vu jusqu'ici en France dans ce
genre singulier. Il a aussi inventé une nouvelle fabrique de
tapisserie, dont le fond est une toile cirée préparée, sur
laquelle on applique des laines hachées ou broyées, de
différentes nuances et couleurs, selon que le sujet le demande. Les tapisseries ont été bien reçues ; la beauté des
dessins a beaucoup contribué à en relever le mérite. » (1)

---

(1) *Abecedario* de Mariette extrait des *Archives de l'art Français.*
(Tome I, p. 38 et 39. Article sur les Audran).

M. de Nemestz dans son curieux *Séjour à Paris* (Leyde 1727, in.-12, p. 379-80), nous conserve un fait de l'histoire de cette fabrication si inconnue maintenant : « Il y eut aussi dans le palais du Luxembourg, une manufacture de tapisseries, composées de laines hâchées ou pilées sur de la toile cirée, de l'invention d'Audran, garde de ce palais, qui les a fait travailler chez lui. Mais ce travail fut suspendu tout le temps du séjour de feue Madame de Berri au Luxembourg ; Audran n'ayant pas dans sa maison tout l'espace qu'une telle manufacture demande. »

Il était concierge du Luxembourg depuis le 5 juillet 1704 (Lacombe, p. 41),(1).

Nous ajouterons à ces renseignements trois reçus indiquant l'envoi des 23 février 1694 et 5 juillet 1696, des travaux de peinture et de dorure pour l'hôtel Bouillon, autrefois de la Bazinière, quai Malaquais, détruit depuis, et le troisième du 17 janvier 1708, pour des travaux analogues, pour un hôtel situé près de la porte Gaillon, occupé par Mme la duchesse de Mantoue (2).

Claude III a également travaillé au château d'Anet, avec François Desportes (3), pour Louis-Joseph duc de Vendôme.

---

(1) *Archives de l'art Français*, Tome III, page 96. Brice IV, 130 et Piganiol de la Force, VIII, page 362, ont parlé de cet hôtel. Le reçu de 126 livres pour ce travail du 23 janvier 1694 est à la collection Coste, de la ville sous le n° 15669.

(2) *Dictionnaire de critique, de biographie et d'histoire*, par Jal page 81.

(3) *Magasin pittoresque*. Tome XXII, page 50. *François* Desportes, né vers 1661, est mort le 20 avril 1743 (Jal). Il fut conseiller à l'Académie de peinture et sculpture. Il eut un fils Claude-François et un neveu Nicolas, qui se sont aussi occupés de peinture.

GABRIEL, peintre et sculpteur, est né à Lyon le 30 septembre 1659 :

« Le 30°, j'ay baptisé Gabriel, fils de Germain Odran, graveur, et de Jeanne Cizeron, sa femme, parrain, sieur Gabriel de Courle, peintre, la marraine, dame Antoinette Milieu, rue Thomassin. (Registres de 1659 de Saint-Nizier). »

Il est mort à Paris, le 14 mars 1740 :

« L'an 1740, le 15 mars, a été inhumé dans cette église, le corps de Gabriel Audran, bourgeois de Paris, décédé hier, âgé de 80 ans, décédé en l'hôtel royal des Goblins et en présence de Jean Audran, graveur, frère, de Benoît Audran et de Michel Audran, neveux, qui ont signé (Registres de Saint-Hippolyte, acte donné par M. Herluison). »

BENOIT I, graveur, né à Lyon le 23 novembre 1661 :

« Le dit jour, j'ay baptisé Benoist, fils de Germain Odran, graveur, et de Jeanne Ciseron, sa femme, le parrain, sieur Benoist Coral, marchand ciergier, marraine, Benoite Desporte ; rue Thomassin (1). »

Benoit est mort à Louzouer, près de Sens, le 2 octobre 1721.

Il fut reçu académicien le 17 juillet 1709 sur le portrait gravé de Jean-Baptiste *Colbert*, d'après Ch. Lefebvre et sur une *Elévation de la Croix* (2), d'après Le Brun,

---

(1) Registres de la paroisse de Saint-Nizier de Lyon, communiqué par M. Vachez, archiviste de la ville de Lyon.

(2) Le poète François Gacon, lyonnais, qui s'était surnommé le *Poète sans fard* (Epitre XVIII, pages 141-2), lui adressa sur ce tableau des vers commençant ainsi :

« Digne neveu d'Audran, honneur de ma patrie,
Artisan délicat, apprends moi, je te prie,
Comment, si jeune encor, ta pointe et ton burin
Font si fort estimer les œuvres de ta main. etc. »

(Chalcographie du Louvre), numéro 44 de Le Blanc).

On possède à la collection Coste, de la ville de Lyon n°
15668, un récépissé autographe, signé : Paris, 3 avril 1719
de trois dessins à lui remis par M. de Boze.

On trouve de Benoît I, dans les *Nouvelles archives
de l'Art français*, 1876, (page 81), une note du 15 janvier 1711, relative à une rente viagère de cent livres
qu'il possédait, sur les *Aides* et *Gabelles*.

Le catalogue de son œuvre d'après Le Blanc ne comprend pas moins de 266 pièces, savoir : 66 de théologie
chrétienne, 24 de théologie payenne, 9 de sciences, 8
d'arts, 39 de vignettes, 99 d'histoire, 22 de portraits et
6 de blasons.

Il demeurait en 1698, rue *Saint-Jacques*, à *l'image de
St-Prosper*, et ensuite en 1714, au palais du Luxembourg, dans un logement qu'il occupa comme pension-
naire du roi.

Benoit I, selon le même auteur, est celui des Audran
qui s'est le plus approché de la perfection de Girard : ses
travaux sont larges et faciles ; son burin est moelleux,
souple et hardi et l'on remarque dans toutes ses estampes
une correction de dessin et une simplicité de moyens qui
les font aisément distinguer des pièces de Benoît II avec
lesquelles on les a souvent confondues.

Nous n'avons trouvé à la collection d'estampes du Palais des arts, d'après le catalogue Rolle, que quatre estampes de Benoît I, les n°ˢ 90, 140, 142 et 143 du catalogue de Le Blanc. Quatre sur deux-cent soixante-six, c'est
peu pour la ville natale de B. Audran.

Jean, graveur, est né à Lyon, le 27 avril 1667 (1).

____

(1) 28 avril selon la biographie Didot, Le Blanc, et la *Notice sur
G. Audran*, de M. Duplessis ; cependant, lorsque l'enfant est né la
veille du baptème, l'acte indique cette circonstance ; c'est ce qui existe
dans celui que nous donnons.

« Le dit jour, (28) j'ay baptisé Jean, né le 27 du courant, fils de Germain Audran, graveur en taille douce et de Jeanne Cizeron, parrain, Jean Carteron, maistre imprimeur, marraine, Antoinette Audran, rue Mercière, rue Thomassin (1).

Il est mort à Paris en 1756 et le 17 juin :

« L'an 1756, le 18 juin, a été inhumé dans cette église le corps de Jean Audran, ancien marguillier de cette paroisse, graveur ordinaire du Roy, décédé hier en l'hostel des Goblins, âgé de 89 ans passés, en présence des sieurs Benoist et Gabriel Audran, ses fils, et sieurs Jean-Baptiste Hanneu, Jean Binet et François Dumeslé, marguilliers en charge de cette paroisse, lesquels ont signé avec nous. (Saint-Hippolyte, acte donné par M. Herluison).

Artiste de talent, dit Le Blanc, Jean Audran n'atteignit cependant ni la perfection de Girard ni celle de Benoît I.

On remarque, dans son œuvre qui s'élève à 466 numéros dans le catalogue dressé par Le Blanc, 79 sujets religieux et un grand nombre de vignettes. Il a gravé surtout, d'après Ant. Coypel, Ch. Le Brun, Nic. Poussin, Ant. Dieu, Pierre Mignard, Jean Jouvenet et Claude II Audran son oncle.

Jean épousa à Saint-Germain l'Auxerrois, le dimanche 10 octobre 1694, Marguerite Dossier, âgée de vingt ans, fille de Michel Dossier, marchand toilier.

L'acte explique que Jean était graveur, fils de *Germain* Audran, aussi graveur, et de Jeanne Cizeron. La procuration autorisant le mariage, avait été donnée par devant M⁰⁵ Melot et Montuson, notaires à Lyon, le 30 septembre 1694, pour Claude III Audran, peintre, de-

---

(I) Registres de la paroisse de Saint-Nizier de Lyon ; communiqué par M. Vachez, archiviste de la ville de Lyon.

meurant alors rue Pavée, paroisse Saint-Sauveur, frère
du marié. Gabriel, frère également du marié, ainsi qu'Antoinette Audran, sa tante, signèrent à l'acte.

De ce mariage, Jean eut onze enfants :

1° *Marie-Hélène*, baptisée à Saint-Roch, le 3 août
1695. M. Herluison dit : 2 août 1697 ; mais cela nous
semble ne pas concorder avec la naissance suivante.

2° *Jean-Claude* IV, baptisé à Saint-Severin, le 28 janvier 1697. Il assista comme témoin au décès de sa mère,
le 13 février 1714.

3° *Benoit II*, né le 17 février 1798, qui eut son oncle
Benoit I pour parrain ; signa au décès de son père le
17 juin 1756 et à celui de sa mère le 13 février 1714, et
épousa, le 15 octobre 1743, Françoise Lottin, morte le
8 janvier 1772 (Registres de Saint-Sauveur).

4° *Marie-Marguerite*, tenue à Saint-Séverin, le
18 janvier 1699, par Pierre le Paultre, achitecte et graveur du Roi, (1) laquelle mourut le 7 août 1710.

5° *Marie-Antoinette*, née et baptisée le vendredi
22 janvier 1700.

6° *Michel*, dont furent parrain Michel II Dossier,
graveur du Roi et marraine Anne-Marie Bechet, femme
de Pierre Drevet, graveur, le 21 février 1701. Michel fut
entrepreneur des Tapisseries des Gobelins ; témoin du
mariage de son frère Benoit II, le 15 octobre 1743 ; signa
au décès de Claude III, son oncle, le 29 mai 1734 et à
celui de Gabriel Audran, son frère, le 15 mars 1740. Il
épousa Marie-Agnès Chambonnet et en eut : 1° Benoit III,
graveur amateur, qui fut baptisé à Saint-Hippolyte, le
26 mai 1740 ; 2° Prosper-Gabriel, aussi graveur amateur,
qui fut baptisé à Saint-Hippolyte, le 4 février 1744 ; il
eut Gabriel Audran, bourgeois de Paris, pour parrain et

---

(1) Pierre le Paultre était fils de Jean selon Zani (Jal.)

Marie-Françoise Lottin, sa tante, épouse de Benoit II, pour marraine, et mourut le 22 juin 1819, à Paris, qualifié professeur de langue hébraïque au collége royal de France et célibataire. Michel doit être mort vers 1771, puisqu'on trouve à cette date le catalogue des planches gravées, dessins, estampes et tableaux à vendre après son décès.

On a conservé le prix qu'atteignirent les objets de cette vente ainsi que les noms des acquéreurs parmi lesquels figure un Audran. Cet Audran, dit M. Duplessis, que l'on voit ici achetant quelques planches devait être probablement notre Prosper-Gabriel, graveur amateur qui a une notice assez complète dans la biographie Didot et dans la biographie universelle de Thoisnier Desplaces.

7° *Pierre*, né aux Gobelins, le 21 octobre 1708; son parrain fut Domnachin de Chavanne, peintre ordinaire du Roi aux Gobelins.

8° *Nicolas*, né le 9 février 1710.

9° *Anne-Marguerite*, née le 3 octobre 1711 et qui eut pour marraine Marguerite Audran, sa tante, et pour parrain le graveur Gaspard Duchange.

10° *Marie-Anne*, née le 10 mars 1713.

11° *Geneviève-Suzanne*, qui naquit aux Gobelins, le 13 février 1714, et mourut peu après sa naissance. Elle fut baptisée cependant le 14, et eut pour parrain Michel, son frère.

Marguerite Dossier, la mère, mourut en lui donnant le jour à l'âge de 38 ans. Hélas, elle avait trop rempli sa tâche de mère !

« Le quatorzième jour de février 1714, ont été inhumés dans l'église, les corps de Marie-Marguerite d'Ossier, femme de Monsieur Jean Audran, graveur ordinaire du Roy, demeurant dans l'hôtel et manufacture royale des Gobelins, marguillier en charge de cette paroisse, décédée le jour d'hier, âgée de 38 ans ou environ, et de Gene-

viève-Suzanne, fille du sieur Audran, nommé ci-dessus
et de défunte Marguerite d'Ossier, ses père et mère, décédée aussy de jour d'hier âgée de 15 à 18 heures. En
présence de Claude, Benoît et Michel Audran tous enfants de la déffunte, de cette parroisse ; de d'Ossier,
bourgeois de Paris, parroisse Saint-Eustache, frère de
la déffunte ; Michel d'Ossier, graveur du Roy, de la parroisse Saint-Jacques-la-Boucherie ; Gabriel et Benoist
Audran, graveur ordinaire du Roy en son Académie, de
a parroisse de Saint-Sulpice, beau-frère de la déffunte
esquels ont signé.... (Saint-Hippolyte, acte donné par
M. Herluison).»

Louis, graveur, est né à Lyon, le 7 mai 1670

« Le dit jour, j'ay baptisé Louis, né hier, fils de sieur
Germain Audran, graveur et de Jeanne Cizeron, sa
femme, parrain Claude Audran, aussi graveur, marraine
Jeanne Montucla, femme de Antoine Offray, libraire, rue
Mercière ; rue Thomassin (1). »

Il est mort à Paris, vers 1712.

Ses estampes, assez habilement traitées, dit-on, n'occu-
pent que 25 numéros dans le catalogue fourni par Le Blanc.

N'avions-nous pas quelque raison de faire remarquer,
vers la fin de nos recherches sur les Martellange, que
l'on se montrait peu soucieux, à Lyon, des hommes qui
avaient honoré leur ville natale par leurs actes et par
eurs travaux ?

La collection formée dans notre palais des Beaux-Arts,
qui doit au moins comprendre les œuvres des graveurs
lyonnais, présente pour les Audran, environ *soixante-
cinq* estampes !

Eh bien, en récapitulant les numéros donnés par Le
Blanc — dont la liste n'est certainement pas complète —

____

(1) Registres de la paroisse de Saint-Nizier de Lyon, communiqué
par M. Vachez, archiviste de la ville.

pour les œuvres de Benoit I 266, Benoit II 95, Karle 349, Claude 121, Girard 315, Germain 171, Jean 466, Louis 25 et Pierre-Gabriel 12, nous arrivons au chiffre de *dix-sept-cent-vingt* estampes.

N'y a-t-il pas urgence à créer pour Lyon un conservateur spécial chargé avant tout de compléter les suites des graveurs lyonnais ? Il en coûtera quelques deniers à la caisse municipale, cela est possible, mais notre honneur et notre amour-propre à la fois l'exigent.

NOTE

A PROPOS DU RÉFECTOIRE DES DAMES DE SAINT-PIERRE (1)

Le nom du peintre de cette salle est certainement Louis Cretey.

Il acheta à l'église Saint-Laurent, annexe de Saint-Paul, le 17 juillet 1687, un emplacement pour sa sépulture sous la tribune. (Archives de l'Hôtel-Dieu de Lyon).

Jean-Onuphre-Philippe Cretey, frère d'un Éléonore Cretey, *clerc tonsuré*, vivait en 1722.

Marie-Éléonore Cretey était émancipée en 1718, habitait la rue Vaubecour et mourut le 8 juillet 1755. La vente de son hoirie fut commencée le 4 août. (Archives de l'Hôtel-Dieu, renseignement communiqué par M. Rolle, archiviste de la Charité.)

Si nous rapprochons ces indications de ce que nous avons déjà avancé, le *Jean* Cretey aurait réellement existé et serait un autre artiste, fils ou neveu de Louis Cretey.

Ce serait lui qui aurait peint *Notre-Dame-de-Pitié* de la chapelle des filles pénitentes de Lyon, et divers tableaux pour M. Bay de Curys, amateur, qui avait son hôtel place Louis-le-Grand à Lyon.

C'est aussi à ce Jean, qui avait comme on l'a vu, les autres prénoms de Onuphre-Philippe, qu'il faudrait certainement appliquer les renseignements fournis par E. Bellier de la

---

(1) Voyez page 12 de ce volume, puis pages 34 et 60 de *Les de Royers de la Valfenière.*

Chavigneric et Charles Le Blanc, peintre et graveur à la manière noire, il travailla à Rome et *probablement* en France au commencement du xviiie siècle. On lui devrait les portraits d'Albon de Saint-Forgeulx et de Louis-le-Grand ainsi qu'une planche représentant un troupeau.

Nous n'avons pas encore trouvé trace de l'*André* Cretey, cité par Mariette et Dussieux.

TABLE DES MATIÈRES

CONTENUES DANS CE VOLUME

	Pages
Le Réfectoire de l'abbaye des dames de Saint-Pierre, à Lyon	1
Les Stella	17
Les Martellange	29
Les Audran	63
Note à propos du réfectoire des dames de Saint-Pierre à Lyon	89

Lyon. — Imp. Aimé Vingtrinier.